歐洲文化首都

這些年教我們的事

郭姿麟

孔憲法｜陳志宏

國立政治大學
創新與創造力研究中心
Center for Creativity and Innovation Studies

遠流出版公司

目錄

圖表目錄

謝誌

　　「創意城鄉」是我在政治大學創新與創造力研究中心擔任博士後研究員相當重要的研究主題。「創意城鄉」一詞衍生自「創意城市」，創意城市教父蘭德利（Charles Landry）呼籲城市要以創新思維來衡量其發展潛力，促進城市的再生或活化。佛羅里達（Richard Florida）發現當一個社區或城市具備多元包容氛圍（Tolerance）和科技基礎建設（Technology）時，很容易吸引創意人才（Talent）聚集。事實上，不僅城市可以透過創意改變人文地景和經濟競爭力，社區或鄉村同樣也可以，這是政治大學創新與創造力研究中心主張「創意城鄉」的想法之一。

　　創意城鄉不可能憑空生成，它與在地特色和文化脈絡息息相關。這些特色與文化可能透過一些利害關係人的參與和投入，再經過一連串的創造與破壞機制後，才可能形塑出不同的創意城鄉樣貌，是以，激發我分析「歐洲文化首都」在地特色和文化脈絡對文化創意產業政策的影響與差異。

　　這本書的撰寫獲得許多人的支持與協助，首先，如果沒有政治大學吳靜吉教授和溫肇東教授的栽培和關愛，本書恐無完稿的一天。本書第五章特地邀請成功大學的孔憲法教授和陳志宏教授共同撰寫，特此感謝；其餘七章雖由我主寫，但是如果沒有顏瓊玉、楊尹琦、林映彤、郭玫君和謝佳恩幫忙蒐集、消化吸收資料，稿件至今可能仍在進行中，感謝這群可愛又美麗的正妹們，也謝謝林彥岑小美女陪我度過收稿的最後階段，沒有她，我也無法完成遠流的建議。第五、六、七章之專有名詞以德文為主，感謝陳志宏教授協助校正德文。最後，我要感謝中國文化大學李斌教授和交通大學林崇偉教授，他們的審核意見為本書加值，使本書的可讀性增色不少，特此感謝！

郭姿麟 於台北海洋技術學院

2013.09.24

序
重返榮耀

國立暨南國際大學 國際企業學系教授 **佘日新 博士**

故事，從一個Walmart的品牌說起！

前一陣子到美國去，逛Walmart時不經意看見了一個他們的自有成衣品牌Faded Glory，不禁莞爾，美國人對自己的幽默功力真是高啊！美國在上個世紀的二戰之後取得了世界霸主的地位，但似乎世界歷史的規律正在收縮中，西班牙海上霸權維持了兩百年、大不列顛馳騁世界版圖只有一百年，老美的國力雖然仍居世界第一，但這些年來後起之秀的追趕，已經造成全世界最大的零售品牌不禁感歎榮耀將逝，甚至使用已經完成的Faded來形容他們的榮耀。

重點當然不是要講美國、也不是要講一個零售成衣品牌，當我們看到世界的歷史起起落落，想探究的是各領風騷數十年的，究為何物？國家與城市的興衰，尤其是歐洲的經驗當中，似乎都與文化脫不了關係！這一段所說的那幾個文明伴隨著政治與經濟的勢力開展，啟動整個人類社會不斷突破與創新，但也因為新的

勢力崛起，既有的成就往往也就伴隨時間的挪移成為追憶，這就
是我為什麼對Walmart Faded Glory的感覺那麼深刻的原因。

　　我在幾年前曾獲得教育部的一個補助，到英國去考察他們
的文化創意產業，由於是透過英國文化協會的安排，拜會與參訪
的深度極深。那一次旅程在倫敦待得比較久，心得先略下不表，
我想要聊聊在利物浦這個城市的震撼。首先我們到了披頭四的發
跡處，我們下到四層的地下室，在那個被稱為地窖（Cavern）
的表演舞台上，四個年輕人不曉得唱出了多少觸動靈魂的歌曲。
披頭四中僅存、垂垂老矣的保羅‧麥卡尼（Paul McCarthy）在
20世紀進入21世紀的那一夜，曾重返地窖再一次震撼人心！在
那個擁擠的表演空間裡，男女老少隨著他嘶吼著！這位已經封爵
的音樂英雄在2012年倫敦奧運中再度登台，有如2008年在北京
鳥巢上月球漫步的李寧，他們都曾經以超凡卓越的成就打造過那
一個國家的榮耀。

　　離開了那個一般遊客恐怕難以自己發現的小小地窖，在外
面的禮品店裡買了幾件T恤給孩子們。其中最為鮮豔的一件是黃
色潛水艇，至此，各位腦海中可能已經響起了那首Yellow Sub-
marine的輕快曲調。文化最大的穿透力在於其跨越時空的記憶
連結。在利物浦的街頭上，看到了水陸兩棲的水鴨子觀光巴士、
櫛比鱗次仍在施工中的巨大建築；我們還去了泰特美術館（利物

浦分館）；也找了利物浦大學負責做都市規劃的教授，訪談的目的是要解開整個以文化為核心的都市更新。八百年的都市承載著13世紀以降的英格蘭西北方的門戶記憶，也遺留了幾百年的輝煌。在傳承與創新之間，處處可見的是新舊間的矛盾，全球化下的城市競爭與開創新局的躁動不安，或許最深邃的創作總是在這樣複雜交錯的糾結中被淬鍊出來的！

最近，新北市通過了簡易型都更政策，內政部長也端出了防災型都更大菜。都市這個連接著人民記憶的載體，在氣候變遷、人口結構改變、產業發展與城市競爭交錯出的都市更新的多元需求中，能不能留下一塊空間給文化作為都市的靈魂，這涉及幾百年後我們的子孫是否還會記得我們那個時代的榮耀！姿麟是我的博士論文指導學生，研究主題是科技研發的產學合作。在現在台灣光怪陸離的博士就業市場中，偶然地進入了政大創造力中心擔任博士後，跟著幾位大師做研究，寫起了歐洲文化首都，寫著、寫著，居然寫了一本書！遵囑為序，與姿麟一同走訪歐洲這四個文化之都，或許我們可以拼湊出一些美麗的記憶，也勾勒出一個重返榮耀的可能！

導讀
歐洲文化首都
與都市再生

國立政治大學 科技管理與智慧財產研究所教授 **溫肇東 博士**

　　暑假剛從地中海遊輪之旅回來，行經巴塞隆納、馬賽、佛羅倫斯、羅馬、雅典、伊斯坦堡、及威尼斯等歐洲文化古城及創意之都。除了目睹過去歷史課本中希臘、羅馬帝國、拜占庭、鄂圖曼帝國的遺跡之外，對於生活在古蹟及世界遺產中的城市與人民有了第一線觀察。

　　馬賽及一小時車程的普羅旺斯是2013年的「歐洲文化首都」。馬賽的碼頭市集廣場上擺了許多當代藝術家的戶外雕塑品，沿途也看到不少正在進行「都市更新」的專案。普羅旺斯的美術館展出的是「從塞尚到馬諦斯」，印象派以來「形式與顏色」的辯證。從1880年到1960年間，法國南方曾吸引了當時的許多畫家在此一地區作畫。一個城市（鄉）能吸引藝術家群聚，一定有其特殊的自然或人文條件。當地的天氣及美食、美酒也是重要的誘因，以塞尚為核心的幾十位畫家在此不斷地創作以及對話（含書信往來），這更是不易「複製」的傳奇。

就像是佛羅倫斯的麥迪西時代,威尼斯商人水都的創建也都成為歷史,目前這些城市都是靠「祖產」(Heritage)在經營維生。這些先人所創造的智慧資本,包括我們所珍惜、或到了當地能感受得到的「人為」及「社會」資本,但光是倚賴這些能否再創「未來」,則是很大的挑戰。像威尼斯並沒有發展出其他足以留住年輕人的新興產業,只剩觀光產業在支撐。因此它的危機不在城市的物理承載力是否能持續,而是人才會不會持續流失。

歐盟推動「歐洲文化首都」(European Capital of Culture, ECoC)正是對這問題的一個回應,讓歐洲整體在各個文化古城、新城之間的發展,有一種正向良性的競爭。各城市可提出各種創意,活用過去的文化遺產。在這個過程中,如何運用大家對城市的「記憶」,凝聚「共識」,「建構」未來的「想像」。

過去幾年經常有機會到歐洲去考察或旅遊,本書所收錄的四個城市,愛爾蘭科克(Cork, ECoC 2005)、英國利物浦(Liverpool, ECoC 2008)、奧地利林茲(Linz, ECoC 2009)、德國魯爾埃森(Ruhr Essen, ECoC 2010),只有科克我沒去過(但2003年也去過愛爾蘭),對歐洲城市的風貌有一定的印象。對照美國,像最近底特律市政府的破產,或羅徹斯特在柯達公司(Kodak Co.)破產後,還能維持一定局面。各個城市都會面臨產業更替,但其因應則產生不同的結果。美國因地大物博,除了

像卡崔娜風災聯邦政府會介入之外，都市發展基本上是靠地方政府各自努力。

　　工業革命以降，歐洲各個工業都市的先驅者，如魯爾區或利物浦也都曾經跌到谷底，由於物換星移，主要產業沒落、人口驟降，到處是廢棄的工廠和無人居住的民宅與店面。但歐洲人過去二十年在「區域創新」或「都市更新」上有一定的成果，許多城鄉再生再造、轉型成功。本書透過歐盟「歐洲文化首都」來探討如何推動，讓各國各個城市有更多機會彰顯其特色與文化，發展生意、互相交流。這個政策背後的脈絡是歐盟形成後，貨幣統一，人才也自由移動，歐洲各大學都鼓勵其大學生有「移地學習」的經驗。因此我們可以理解其間的交流是多層次的，從技術研發、教育、文化、到觀光。結果我們可以看到這些年來，歐盟「區域內」互通有無的貿易成長大於與區域外的貿易。

　　2009年科管所的「英國文創之旅」曾到訪過利物浦，在它得到「歐洲文化首都」的次年，當時也曾短暫訪問過伯明罕，2010年我又特別去拜訪當年和利物浦競爭文化首都失利的曼徹斯特。這些英國工業革命以來早期的重要城市，在20世紀60、70年代，由於亞洲興起、產業東移時逐漸沒落，到80年代跌到谷底，從90年代起開始有各種不同程度的轉型更新。那次我們聽到的簡報與介紹，剛好涵蓋他們如何籌備爭取到這個頭銜，以及

在2008年實際為他們帶來的成果與效益。

除了參訪披頭四的紀念館，與其發跡的酒館，我們也拜訪了利物浦大學流行音樂系，和披頭四保羅‧麥卡尼創設的「利物浦表演藝術學校」。雖然時間短暫，但仍有非常深刻的交流，瞭解教育機構在城市發展中可以扮演的積極角色。我最有興趣的是當一個城市跌到谷底時，當地的大學如何自處？如何力挽狂瀾？好的老師會遷出，還是堅持在崗位上，吸引好的學生前來，為未來播下希望及復甦的種子。我想音樂、高等教育和豐富的工業歷史文物，都是利物浦獲選文化首都的條件。

我們在碼頭區看到改造過的市容及博物館區，因「歐洲文化首都」之名，2008年確實吸引不少歐洲及英國國內各地遠道而來的觀光客，也讓國際連鎖旅館從一家增加到六家。但在市區內還是有門窗用木板釘住、尚無人居住的排屋（阻止無殼蝸牛的入侵），表示要恢復到它昔日的榮景及大量人口回流，仍需假以時日。

魯爾區是另一個科管所曾在2002及2006年二次到訪的區域。林盛豐教授《遠見的城市》影集，策劃了國內外十四個前瞻創新或浴火重生的城市，有關魯爾區的二個專輯是我上課常用的教材。魯爾區在90年代由IBA的建築博覽會所帶進來的創意，以及新興產業的育成令人印象深刻。從第一座斜玻璃立面的太陽能

科學城，到水塔改造的飛碟辦公室、瓦斯槽改造的大展覽場、由最礙眼的煤渣山整建成的休閒公園，處處充滿化腐朽為神奇的驚豔。

在《遠見的城市》魯爾區第二輯中的老人住宅、單親媽媽住宅等社區的規劃更令人心動，新能源、太陽能實驗計畫及生態復育的各種計畫，城市要永續地發展，除了物理上環境生態要照顧之外，以人為本的考量，才能將人口帶回到社區。從生態、生活、生計到生命的提升，我想這些都是它能獲選歐洲文化首都的實績。

另外，我認為很重要的是，魯爾區在60年代末、70年代中陸續成立的五所大學。我們曾參訪過其中的兩所，波鴻大學及多特蒙特應用科技大學。因辦學校，特別招募了一些師資，並有許多創新的課程及實驗性的校園建設（分校間的吊式單軌電車）。整個魯爾區在這之前的四、五個世代都以礦業為生，要念大學必須遠到200公里之外的阿亨（Aachen）、柏林及科隆。當整個魯爾區從傳統的煤、鋼轉成綠能產業，所需的科技、人才是否能到位是重要關鍵。由包浩斯設計的十二號礦區也成為發展設計產業的基地，難怪紅點設計的第一個博物館就選擇落腳在這個歷史遺跡中。

到訪林茲是1993年從美國參加美國運通的旅遊團，那是我

第一次到歐陸的旅行，遊經德、奧、瑞等三個德語系國家，導遊是瑞士籍的，矮小精幹，算是一個在地深度的旅遊。在瑞士旅程也造訪過世界經濟組織（WEF）常開會的達沃斯（Davos），在奧地利還拜訪了如格拉茲（Graz）、林茲等小鎮。對林茲的印象老實說已經很模糊了，但後來從林茲舉辦國際「數位藝術節」及U19的競賽，才又想起了這個不起眼的小城。

奧國和瑞士都是小國，也標榜中立，很善於將國際組織的機構及會議拉攏到他們的城市來舉辦。因與人為善，各方人馬常在此進出，也確保了自身的地位與安全。當然前提是你的水平必須合乎國際標準，甚至更有特色。會展產業已成為重要產業，林茲算較早擺脫傳統煤鋼舊工業的軟硬體包袱，共同想像直指未來的數位時代，將過去的記憶變成特色背景，而積極引進新的國際元素，用數位科技結合藝術與想像，透過節慶和比賽，為城市創造了新的生命與機會。

本書四個「歐洲文化首都」個案，二個屬英語系國家、二個屬德語系國家，各有其基本的法律框架，且都有一大一小的對照。當然四個城市在其歷史記憶、認同及對未來的想像各有不同，當地產、官、學、研的共識、參與及企圖心亦有所差異。而從歐盟層次來看，同一政策工具、同一個期許，卻造成了不太相同的結果。除了個別城市的案例與經驗，在政策的落實績效上，

也給了我們比較、對照的機會，這類的文創政策對城市或區域的
發展、復興、更新的可能性有很大的啟發。

第一章
進擊的歐洲

歐美先進國家邁入工業化的時間較早，然而當科技發展和社會變遷都有巨大改變後，這些先進國家陸續面臨經濟衰退問題。1970年代末期起，美國以「文化」促進都市再生，漸進由工業社會轉型成為服務業社會之後，引起英國格拉斯哥（Glasgow）的注意。格拉斯哥代表英國獲得1990年度「歐洲文化城市」（European City of Culture, ECoC）活動主辦權後，有計畫地傳承當地文化，修繕歷史建築街區，興建文化與商業設施，增加城市吸引力，紓解長久以來的失業率、犯罪率和貧窮等經濟與社會問題。事實上，格拉斯哥以「歐洲文化城市」帶動經濟活化與城市再生，並非歐洲共同體（European Community）的初衷，原本歐洲共同體只是想透過「歐洲文化城市」鼓勵會員國透過節慶活動，彰顯各國文化，刺激歐洲人民接觸其他會員國文化，促進彼此的文化連結。

　　格拉斯哥以文化復興運動促進城市再生，成功地喚起居民的自覺和對他們居住地方的認同，讓「歐洲文化城市」頭銜真正引起歐洲國家和城市重視，格拉斯哥的成功為其他國家帶來城市復興希望，也因此讓許多城市紛紛以申辦「歐洲文化城市」作為城市再生的觸媒，並以申辦這個頭銜作為城市發展的未來想像起點。城市藉由文化資產盤點和文化活動舉辦，重建城市特有的歷史與文化靈魂，也可能想像出未來的城市品牌定位，使得失去昔日風華的城市能在國際舞台上再度閃耀。

歐洲文化首都

歐洲文化首都殊榮，讓獲選城市能以政策引導，彰顯歐洲文
化的豐富性和多樣性，促進歐洲人民接觸彼此的國家與文
化，加強歐洲各國的文化連結，提升歐洲公民的認知……。

——歐盟

1985年發起的「歐洲文化城市」，是「歐洲文化首都」
（European Capital of Culture）的前身。當初是由希臘文化部
長梅利納・曼考麗（Merlina Mercouri）與法國前文化部長賈克
・朗（Jacques Lang）在機場候機閒聊時產生的想法，曼考麗隨
後很當一回事地籌劃，並在同年經歐洲共同體文化部長會議通過
「歐洲文化城市」計畫提案，由會員國共同「指定」某國的大城
市作為年度歐洲文化城市代表，第一屆歐洲文化城市以希臘雅典
為代表。

1993年歐洲共同體改制為歐洲聯盟（European Union）
（簡稱：歐盟）。1999年歐盟將「歐洲文化城市」修改名稱為
「歐洲文化首都」，同時也修正遴選辦法，並將「歐洲文化首都」
整合在歐盟最重要的文化政策「文化2000」（Culture 2000）架
構之下，以取得歐盟的財務補助。依新修正辦法，改由歐盟執委
會推薦舉辦國，再由歐盟理事會決定舉辦國。舉辦國自行舉辦城
市遴選後，競選城市必須向歐盟執委會提出文化提案後，再由歐
盟執委會推薦給歐盟理事會，這冗長的選拔作法取代了原本要求

「所有會員國一致通過指定某國某大城市為歐洲文化城市」的作法，同時，也開放給非歐盟會員國參與競選歐洲文化首都的活動。這樣的修正方向，的確讓每個成員國和城市都有機會舉辦該活動。

　　儘管名稱和遴選辦法幾經改變，但不管是「歐洲文化城市」還是「歐洲文化首都」，想讓每個城市以政府行動促進歐洲人民接觸彼此的國家與文化，提升歐洲公民對歐洲各國的認識與文化連結，進而彰顯歐洲文化的豐富性和多樣性的精神與目標是不變的。

　　獲選為「歐洲文化首都」的城市，可以獲得歐盟50萬~150萬歐元的補助金。這筆金額約當新台幣2,000萬~6,000萬元，對於國家或城市文化推廣與交流，實是杯水車薪，然而申辦城市積極爭取的目的可能是為了要得到這項「殊榮」，而不是補助金。究竟這項殊榮帶來哪些好處，讓各城市趨之若鶩地去爭取？本書由愛爾蘭科克（Cork）、英國利物浦（Liverpool）、奧地利林茲（Linz）和德國魯爾（Ruhr）作為獲得歐洲文化首都之前置準備，及其執行成效來剖析。

城市再發展的秘方

　　過去當中國大陸成為世界工廠之際，台灣曾經一度因磁吸效應，面臨傳統產業空洞化危機，人民就業與家庭制度受到相當嚴峻的考驗，城市經濟力逐漸衰退，許多城市領導者開始尋找促進

城市再發展的解決方法。

　　城市再發展，如果單純以智慧城市（smart city, intelligent city）、文化城市（cultural city）或創意城市（creative city）等作為發展目標，可能只是迎合市場需求，市民未必有感。當城市發展缺乏城市的基本精神，容易陷入空泛、淪於口號。Michel Sudarskis 2012年應邀來台演講，倡議城市發展思維應該透過社會、政治和經濟的共同力道，有策略地建立可持久的城市價值（sustainability）、形塑城市風貌（urbanity）和城市意象（identity）[1]。那麼，城市發展該如何妥善運用社會、文化和政治力道呢？

　　地方感是城市發展的重要基礎之一，個人和社會、文化、政治和自然環境的多重互動，深深地影響城市發展，而喚起歷史記憶或製造未來想像，可用來創造城市認同，編織城市意象[2]。本書將以圖1的概念來剖析各城市發展的重要元素，在圖 1，t0指的是城市再發展的規劃年，t-1指的是過去年度，t+1指的是未來年度。市民日復一日的活動積累出人們對地方的記憶，對城市的記憶可能是美好的，也有醜陋的。美好的記憶可用來宣揚歷史的勝利者或英雄；醜陋的記憶可能是沉痾，然而卻可以巧妙地應用創意、發明、新傳統或標的移轉，摒棄或排除過往傷痛[3]。城市過去的歷史記憶和文化政策執行成果，是城市再發展的重要基礎。在城市發展規劃的時刻，官、民可以共同運用創造力與想像力，勾勒城市專屬的未來生活品質，再施以必要的城市建設。

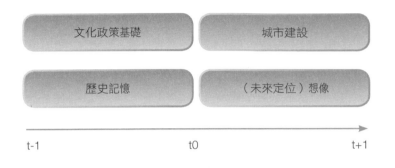

圖1 城市再發展

站在巨人的肩膀上看未來

　　藉由檢視前人的經驗與努力的成果，我們可以汲取成功的秘
方並從中學習，為日後城市提供再發展的養分。愛爾蘭科克、英
國利物浦、奧地利林茲和德國魯爾，這四個城市分別代表歐洲兩
大語系：英語和德語。語言通常與文化有著密不可分的關係，語
言是民族的社會、文化和心理結構的反映，而文化是人類活動的
產物，文化需靠語言來傳遞，文化的改變及發展也會影響語言的
發展[4]。現在，我們以檢視這四個城市的歷史發展、文化政策改
變、城市發展經驗及未來定位想像來看城市發展的各種可能性，
如同站在巨人的肩膀上眺望城市的未來。

　　英國是英語的代表國家，愛爾蘭雖然在1949年獨立為愛爾
蘭共和國，英語卻一直是愛爾蘭的官方語言。而英國是全球扶植

創意產業的創始國，儘管愛爾蘭與英國在歷史上有著八百年的殖民關聯，因文化創意政策和民族主義的差異，使得英國與愛爾蘭在創意經濟成效上有著截然不同的表現。

在工業時代，利物浦和科克曾經是叱吒一時的港都，港都經濟沒落、生活困頓，讓城市生活的利害關係人希望透過美好記憶的修復，重建城市意象。於是利物浦設立官方企業，以準政府之姿但是獨立運作的商業模式，將英國創意產業做為後盾，結合國內外企業、當地大學、英國政府和利物浦地方政府等多方力量，共同建構利物浦成為新一代全球文化創意園地。而科克認知到愛爾蘭的悠久歷史，雖也想重新建構城市風格，唯八百年的被殖民歷史，讓民族主義領導資本主義。

奧地利在舊石器時代已經有人類活動，第二次世界大戰期間受德國統治，在政治與文化上，與德國有著一段互為鑲嵌的歷史。德奧兩國過去是歐陸相當重要的工業大國，經濟體系緊密聯繫，當數位科技與全球競爭迫使兩國傳統工業沒落後，兩國都嘗試以創意經濟促進城市再生，因為奧地利是小國，可以中央集權的方式振興經濟；德國則囿於聯邦法制，傾向讓各邦自行發展，是以兩國之創意經濟與成果迥然不同。

位於德國的魯爾區和奧地利的林茲，在19世紀是歐陸非常重要的鋼鐵生產地，然而由於全球經濟結構改變，當地環境污染嚴重，魯爾區築基於工業區的發展歷史和地方認同，以文化創意重新形塑城市意象，而林茲則透過城市未來想像，創造出新的城市歷史。

台灣、愛爾蘭和奧地利同樣擁有豐富的歷史和文化蘊涵，分別對中國、英國和德國有很強的依賴與競爭關係，三個小國要以文化創意帶動城市發展和經濟轉型，都同樣面臨內容敘事能力薄弱的困境，本書希望透過文本爬梳，為台灣城市發展提供創新思維。

1　Michel Sudarskis演講稿，2012年8月23日在台北市舉辦的「河右岸復興運動論壇」。

2　Cresswell, T. (2004). *Place: A Short Introduction*. Oxford, UK: Blackwell Publishing.

3　Hobsbawm, E. & Ranger, T. (1992). *The Invention of Tradition*. Cambridge, UK: Cambridge University Press.

4　Sapir, E. (1921). *Language: An Introduction to the Study of Speech*. New York: Harcourt, Brace & Co.

第二章
英國與愛爾蘭的
文化硬底子

　　英國曾是輝煌的「日不落帝國」，在18、19世紀啟動工業革命，成為世界上最富強的國家。直到20世紀，因為缺乏創新，工業不能快速升級，英國不再是科技領先國，經濟成長力道不足。1979年上台的柴契爾夫人（Margaret Thatcher）政府雖然戮力於經濟改革，經濟一度好轉，但是因為公共政策與社會問題等內耗不斷，以致經濟幾番起落[1]。到了1997年，布萊爾（Tony Blair）政府觀察到其他國家的知識經濟發展與重視文化創意有密切關係。同時，他們也體認到文化創意政策應該普及全民，不再只是為少數人服務的菁英藝術，而推動創意產業是拯救經濟困境的有效方法。英國提出「創意產業」概念與相關作為，很快地就被其他國家效仿，包括澳洲、紐西蘭、香港、新加坡等國。

　　英國在創意產業的積極作為，讓英國在全球經濟找到新定位，也在全球經濟的危機中形成轉機，並持續影響全球創意產業的發展。以英國首都倫敦為例，它目前是全球三大廣告產業中心，而且是三分之二以上的國際廣告公司歐洲總部所在地；全球三大電影製作中心；享譽全球的國際設計之都，擁有世界一流的教育和設計機構；國際人士定居與當地居民比例為全球之最。倫敦已從傳統的工業和金融服務業城市，成功轉型成充滿活力的宜

居、宜商的創意城市。

　　愛爾蘭共和國是歐洲島國，因為缺乏天然資源，總體經濟規模小，長期處於農業社會，雖然受英國殖民將近八百年，卻不被英國重視。在1955年和1973年先後加入聯合國和歐洲共同體後，愛爾蘭以其英語優勢和低稅政策吸引美國跨國企業進入愛爾蘭投資，有計畫地培植高科技和製藥產業，經濟表現逐步起飛。在1988年被《經濟學人》（*The Economist*）稱為「最窮的富國」（The Poorest of the Rich），經過多年的努力後，《經濟學人》在1997年改以「閃耀愛爾蘭」（The Luck of the Irish）讚賞愛爾蘭的經濟表現。

　　因愛爾蘭曾經深處饑荒、瘟疫和失業的苦難，以致人力嚴重外流，人口最少時只有300多萬。為彌補人力流失，愛爾蘭由教育水準提升著手。自1960年代起，實施中學免試入學，至1990年代，大學免試入學。此外，愛爾蘭早在西元前7000年就有人類活動的蹤跡，在其境內，擁有相當豐富的文化遺產，是發展文化旅遊業的重要資產。除文化旅遊業外，愛爾蘭的文學、舞蹈、音樂和戲劇，在國際上也相當知名。

誰搞的文化創意

產業要能蓬勃發展，除了仰賴民間的努力外，政府的支持也相當重要。英國和愛爾蘭的政府機制不同，文化創意產業主管機關也不同，但是對於中介組織的依賴與運作原則卻相同，接下來讓我們來看看是誰搞的文化創意。

一、英國：多層次分工

（一）英國中央的文創機構

英國由英格蘭、蘇格蘭、威爾斯和北愛爾蘭四個王國（countries）組成，各王國在語言和文化已有相當程度的融合。除英格蘭，其他三個王國可以享有文化和政治民主[2]。目前，英格蘭的創意產業直接由英國中央政府管理，其餘三個王國由各自的議會和行政院負責管理「廣播和網際網路」以外的創意產業，而「文化傳媒體育部」（Department of Culture, Media and Sports, DCMS）和「商業創新技能部」（Department of Business, Innovation and Skills, BIS）負責整合、協調英國中央與王國的相關業務（參見圖2）。

文化傳媒體育部負責英國文化政策的指導與監督，業務範疇包含藝術、體育、觀光、圖書、博物館、展覽館、廣播、電影、音樂、媒體、文化遺產、博奕彩券等產業，同時也負責2012年奧運及帕運（Paralympic Games）申辦事宜。商業創新技能部管理軟體和電腦服務業。另由兩部會共同管理出版、電玩、設計

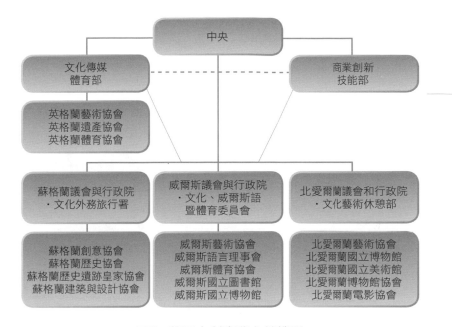

圖2　英國文創產業主管機關

資料來源：本研究整理。

三產業，兩個部會的分工是文化傳媒體育部以創意、文化與社會
面向管理這三個產業，而商業創新技能部負責資金和研發等面向
的管理與協助。

　　文化傳媒體育部的前身是「國家遺產部」（Department of
National Heritage, DNH），1992年梅傑（Sir John Major）政
府將全國傳播、藝術、體育、電影、觀光、國家文化遺產等文化
事務整合，成立核心內閣層級的國家遺產部（圖3），在這之
前，英國文化政策的價值觀主軸是混沌、模糊的[3]。1997年布萊

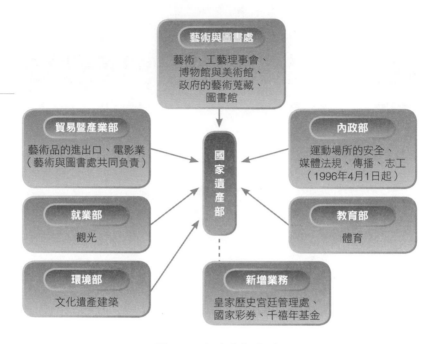

圖3　國家遺產部業務[4]

爾政府甫執政，將國家遺產部轉型為文化傳媒體育部。

　　商業創新技能部負責科學、教育、技術、創新以及企業政策，2009年由「商業法規改革部」（Department for Business, Enterprise and Regulatory Reform, BERR）和「創新、大學與技能部」（Department for Innovation, Universities and Skills, DIUS）合併而來，其目的是要整合兩個部門原先的優勢，架接大學科研和工商界。事實上，這兩個部門是2007年首相布朗（James Gordon Brown）上台後，將英國政府組織改造後新設

的部會。其中，商業法規改革部是承接原貿工部（Department of Trade and Industry, DTI）部分業務，負責掌管公司法規和促進英國創業精神。而創新、大學與技能部是合併原科技創新辦公室（Office of Science and Innovation）、教育技能部（Department of Education and Skills）、能源暨氣候變遷部（Department of Energy and Climate Change）和貿工部等業務。

（二）地方的文創機構

　　原本英國將經濟發展區分成九大地理區域，責成區域發展協進會（Regional Development Agencies, RDAs）協調、整合各地區經濟發展事務。為求進一步落實與激發商業能量，2011年由商業創新技能部在各地設立地區企業夥伴計畫（Local Enterprise Partnerships, LEPs）辦事處，由各辦事處架接地方政府與在地企業合作，促進地區經濟發展。區域發展協進會完成階段性任務後，功成身退，於2012年正式廢除。原本區域發展協進會的經費來自商業創新技能部、社區暨地方政府部（Department for Communities and Local government）、能源暨氣候變遷部、環境、食物暨鄉村事務部（Department for Environment, Food and Rural Affairs）、文化傳媒體育部和貿工署（UK Trade and Investment）六大部會，而地區企業夥伴計畫的經費來源是商業創新技能部。由此判斷，英國政府體會文化創意的經濟貢獻後，愈來愈推崇以「產業化、商業化」指導文化創意加值活動，力求形塑新的英國資本主義。

（三）文創中介組織

為了讓藝文與政府保持一定合作距離，並維持某種程度的市場機制，文化傳媒體育部負責文化政策的規劃與監督，實際的文化業務執行工作託付公法人（Non-Departmental Pubic Bodies, NDPBs），尤其是行政法人（Executive NDPBs）。這些法人由理事會處理公共事務，其人力資源非經選舉產生，也非政府編制內人員，可以維持一定的自主性。文化傳媒體育部只透過預算補助來影響文化政策方向，不實際參與運作。例如，英格蘭的文化業務主要是由英格蘭藝術協會（Arts Council England, ACE）、英格蘭遺產協會（English Heritage）和英格蘭體育協會（Sport England）推動，其餘王國也是借重公法人的力量來推動文化創意活動（如圖2）。

英格蘭藝術協會對小型企業提供顧問諮詢，協助藝文組織或企業培養管理人員，使其能有較清晰的商業模式和經營策略。另外，成立小型企業貸款擔保，增加小型企業金援管道；它以幕僚之姿，協助政府落實「創意經濟」發展，進行績效評估，是英國創意產業的重要推手。

二、愛爾蘭：經濟導向
（一）愛爾蘭中央的文創機構

愛爾蘭的文創管理機關與英國政府非常接近，2011年6月政府組織再造後的文化行政管理機關是「通訊、能源暨自然資源部」（Department of Communications, Energy and Natural

Resources, DCENR）和「藝術、遺產暨愛爾蘭語部」（Department of Arts, Heritage, and the Gaeltacht, DAHG），實務運作上，也是透過公法人來執行。

通訊、能源暨自然資源部負責廣播和通訊政策，其下設有愛爾蘭廣播委員會。主要的文化政策的制定與推動，是2011年6月才成立的藝術、遺產暨愛爾蘭語部。在歷史上，藝術、遺產暨愛爾蘭語部的前身可追溯至1977年成立的「經濟規劃與發展部」（Department of Economic Planning and Development, DEPD），其後又幾度更名，機關名稱字眼如能源、觀光、貿易、運動、休閒、藝術、文化等，直到2011年名稱才終於底定[5]，藝術、遺產暨愛爾蘭語部由觀光文化體育部（Department of Tourism, Culture and Sport）、環境、遺產暨地方政府部（Department of Environment, Heritage and Local Government）、社區、平等暨愛爾蘭事務部（Department of Community, Equality and Gaeltacht Affairs）三部合併而來。舉辦2005年歐洲文化首都時的主管機關則是藝術體育觀光部（Department of Arts, Sport and Tourism）。

藝術、遺產暨愛爾蘭語部成立後，開始將藝術從束之高閣的高端文化向下拉到普羅大眾，俾便促進經濟成長跟就業率。藝術、遺產暨愛爾蘭語部的預算主要分配給國家美術館、國家博物館、國家圖書館、文化協會（Culture Ireland）、藝術協會（Arts Council of Ireland）及遺產協會（Heritage Council）（如圖4），顯示愛爾蘭大部分的藝文組織及活動相當依賴政府

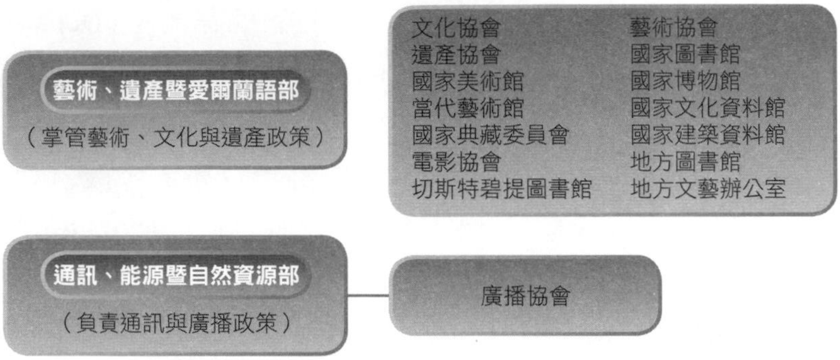

文化協會	藝術協會
遺產協會	國家圖書館
國家美術館	國家博物館
當代藝術館	國家文化資料館
國家典藏委員會	國家建築資料館
電影協會	地方圖書館
切斯特碧提圖書館	地方文藝辦公室

藝術、遺產暨愛爾蘭語部

（掌管藝術、文化與遺產政策）

通訊、能源暨自然資源部

（負責通訊與廣播政策）

廣播協會

圖4　2011年組織再造後的愛爾蘭文化產業主管機關

資料來源：本研究整理。

的資金援助。

（二）地方的文創機構

早期，環境、社區暨地方政府部（Department of Environment, Community and Local Government, DECLG）的贊助支出，都可以提出1%作為文化特色佈局用，這是中央對地方文化投資的濫殤。目前地方政府分成市政級與區域級，市政層級在文化管轄範圍主要有四項活動，第一、管理及維護官方博物館、美術館及圖書館，第二、維護文化遺址，第三、協助各地取得資源發展藝文活動，第四、協助當地藝術家和藝術團體進行展覽活動。地方層級單位之上有區域層級單位，多是作為地方推行藝文產業上的金援支柱，維護藝文團體及藝術家權益[6]。

（三）文創中介組織

愛爾蘭與英國的操作手法類似，藝術、遺產暨愛爾蘭語部主要是透過遺產協會、文化協會和藝術協會三個公法人進行政府與相關領域從業人員和組織的資源媒合。文化協會是愛爾蘭駐歐盟的代表，負責愛爾蘭文化的國際推廣，而國內文化推廣委託遺產協會和藝術協會辦理。

愛爾蘭遺產協會致力於傳統文化的保存，其範疇包括文化遺址、建築、考古、先古物品（如工藝、文件及其他紀錄等），或為動植物及野外棲地等自然生態的保存及發展。遺產協會提供地方社區關於遺產保存相關的教育、工作機會及旅遊規劃，希望藉由基礎設施的建立與修復，加上社區網絡的建構，藉此強化愛爾蘭人民對於傳統文化的認同感[7]。

愛爾蘭藝術協會的功能與英格蘭藝術協會相當類似，由藝術、遺產暨愛爾蘭語部指定一位主席及十二位理事，每位理事任期一輪五年。主要負責國內文化活動的推廣與發展，尤其是增進民間對藝術的興趣，推廣大眾對於藝文的知識與鑑賞力，贊助民間藝術家與藝文產業，協助藝術家及藝文組織發表相關研究資訊，設立藝術標準並頒發藝術獎項，協助民間藝文機構取得資金（例如：獎助金、獎項、專案、計畫、推廣），建立產、官、學、民合夥關係，投資媒合等，都是它的業務[8]。

愛爾蘭藝術協會在參與不同計畫時，不斷增加自我包容性，包括2007年的國家行動計畫（National Action Plan）中反對種族歧視等，有助於愛爾蘭保有文化多元性。當文化多元性被留存

後，面對外界不同環境、地域、時間時，比較能夠清楚找出自身文化的辨識度。

「金援」是愛爾蘭藝術協會很重要的任務，它的預算來源主要有三：藝術、遺產暨愛爾蘭語部（50%）、國家樂透彩金收益（49.5%），以及一些信用基金（0.5%）[9]。目前支援藝文範圍為建築、馬戲團、舞蹈、電影、文學、音樂、歌劇、街頭及公共藝術、劇院、傳統藝術、視覺藝術，未來可能會再拓展到其他藝文範圍，包括虛擬及實體藝文活動，或擴展至健康、教育、旅遊等範疇，期望建立藝文活動或作品之生產與呈現的資料庫規範及系統[10]。

最夯的新興產業

當科學技術研發、社會型態變遷、全球經濟發展產生巨大變化後，較早邁入工業化的先進國家陸續面臨經濟衰退問題，直到1970年代末期起，美國以「文化」促進都市再生，由工業社會轉型成為服務業社會後，點醒世人尋找城市再生祕方的方向，文化結合創意成為全球最風靡的新興產業。

一、文化創意產業發展沿革

聯合國貿易暨開發委員會（United Nations Conference on Trade and Development, UNCTAD）指出創意經濟（creative economy）是以創意資產為基礎，形成產出，創造就業和內外銷

所得的經濟活動，而創意產業就是創意經濟的核心，該產業是以創意與智慧資本作為主要投入的創造、生產與配銷等之製造業和服務業。

創意產業領域正式被英國視為「產業」是在1998年之後，然而愛爾蘭似乎未曾正式討論過此產業。接下來，我們來看看英國和愛爾蘭到底怎麼看待「文化創意產業」。

（一）英國：開啟創意產業化

英國的創意產業概念開始於90年代初期倫敦的「都市更新計畫」。相關產業獲得迅速成長的機會，從泰晤士河南岸、中區、北區到東區，開始出現創意聚落，成為孕育創意人才的沃土。

1997年布萊爾政府提出「創意產業」的概念，由文化傳媒體育部籌設「創意產業工作小組」，與商業企業法規改革部聯合推動創意產業。事實上，早在1990年，英國政府開始委託英國文化協會（British Council）、英國電影協會（UK Film Council）和工藝協會（Crafts Council）起草英國文化發展策略，歷經兩年的研究定調，以「創造力」作為策略核心。1997年開始，為瞭解創意產業的經濟價值，由文化傳媒體育部和英國國家統計局，共同根據標準產業代碼（SIC）和標準就業分類（SOC），調查各類別產業規模、就業狀況、營業額等，於1998年提出十三類創意產業定義與其產業價值鏈報告（Creative Industries Mapping Document 1998）。2001年進一步提出「2001年創意產業報告」（Creative Industries Mapping Document 2001），確定每一子產業主要和次要產業活動，及其關連產業。有了明確的產業範疇後，英國政府開始制定個別產業輔導政策。

（二）愛爾蘭：尋求文化認同

愛爾蘭政府在脫離英國後[11]，擔心美國與歐盟間強大的力量，初期採取壁壘保護政策，卻因此拖累經濟。後來，以經濟開放政策大幅引進外資企業，雖然帶動經濟成長，社會上卻因此充斥英美文化，許多創新被認為是「進口的創新」，而非愛爾蘭獨有的本土創新。為了重新找回愛爾蘭人民對自有文化的認同，愛爾蘭在文化創意產業上，比較偏向「文化內容」，尤其是文化遺產，希望藉此能找到屬於自己的文化與創新。

除無形的文化內容、風光明媚的自然景觀，愛爾蘭還有許多為了紀念歷史而鑄造的雕像，這些雕像不全是記錄政府的豐功偉業，更多的是為了紀念那些爭取國家認同、揭竿起義的小人物。雖然愛爾蘭有98.7%的人口為凱爾特人，長久以來，愛爾蘭融合凱爾特、維京、諾曼與英格蘭文化，後因採取開放政策，也移入歐美與華人文化。雖然，愛爾蘭存在許多悲情抗爭史，然而這些抗爭多為兩個以上的民族為自己的理念與宗教而共同起義的行動，並非緣由單一民族的民族主義，由此推論愛爾蘭對不同民族有相當程度的包容。此包容也體現在古蹟建物、歷史遺跡及雕塑藝品上，是文化與記憶的重要元素，也是想像空間的基礎。

愛爾蘭的文化產業早在農業時代，為推廣國家主權及宗教文

化而設立廣播電台（2RN）[12]。隨著愛爾蘭的經濟成長，美國文化的來襲，人民開始藉由電影、旅遊或消費認識外面的世界，藝術不再限制於傳統藝術，而與設計、商業結合。有鑒於普羅大眾對娛樂產業的接受度較高，愛爾蘭將文化元素融入娛樂產業，讓藝術平民化、生活化（Hazelkorn, 2001）。

　　同時，愛爾蘭政府有鑒於愛爾蘭人分散在全球各地約7,000萬人，以及網路科技的傳播效應，於是利用多媒體作為連結音樂、文學、影音等內容的媒介，達成文化創意發展的綜效。然而，過去只有製造出口經驗的愛爾蘭，即使能以當地技術來數位化內容產業，因缺乏敘事能力，對於價值提升相當有限（Hazelkorn, 2001）。

二、什麼是文化創意產業

　　文化和創意是區別英國和愛爾蘭文化創意產業的重要指標。

（一）英國：定義創意產業

　　英國未曾明確定義「文化」，文化傳媒體育部曾指出，其政策目標是「讓大部分的人民享有最好的生活事物，讓文化與體育活動增進人民生活品質」，經濟價值是政策績效衡量的重要指標之一[13]。文化與創造力不但是戲劇、音樂和電影等傳統的藝文活動的泉源，而且造就廣告、設計等創意服務業和創意商品的銷售通路。

　　這些產業創造的財富和就業[14]，讓英國進一步主張「創意產

業是基於個人創造力、技能與才華的創意核心，透過智慧財產權，產生財富並製造就業機會」（DCMS, 1998）。並於1998年明確指出十三個創意產業，包含：廣告、建築、藝術與古董市場、工藝、設計、時尚設計、電影與錄像、電玩、音樂、表演藝術、出版、軟體和電腦服務、電視和廣播。

2004年文化傳媒體育部將英國創意產業分為四大類、二十種產業，其中，書籍印刷類包含文學、出版（報紙、雜誌、書）、印刷，影音視覺類包含廣播電視、電影與錄像、音樂、攝

表1　英國創意產業核心活動

產業	核心活動	主管機關
廣告	消費者研究、顧客行銷管理/互動溝通計畫、確認消費者喜好、廣告創意、促銷活動、公共關係的推動、媒體計畫、廣告材料的生產	DCMS, BIS
建築	建築設計、規劃許可、產品訊息	DCMS
藝術與古董市場	藝術與古董的交易、零售拍賣、畫廊、專業義賣會、店鋪、倉庫、百貨商品和網際網路	DCMS
工藝	工藝創作、工藝品生產及展售流通、紡織品、陶器、珠寶銀飾、金工、玻璃製品	DCMS
設計	設計諮詢顧問、設計相關要素、室內和環境設計	DCMS, BIS
時尚設計	服裝設計、展覽用服裝製作、顧問及傳播通路	DCMS
電影與錄像	電影劇本創作、製作、分配、展演	DCMS
電玩	遊戲發展、出版、分配和零售	DCMS, BIS
音樂	錄音產品製造與配銷、音樂著作權管理、非古典音樂現場表演的管理、重製及促銷、作詞、作曲	DCMS
表演藝術	內容創作、表演藝術/芭蕾/當代舞蹈/戲劇/音樂劇/歌劇等相關業務、表演藝術軟硬體（舞台、燈光、音響、道具、服裝、造型等）設計服務	DCMS
出版	創作、圖書/雜誌（期刊）/報紙/數位內容出版	DCMS, BIS
軟體和電腦服務	軟體發展	BIS
電視和廣播	節目製作、播送和發行	DCMS

資料來源：本研究整理。

影、廣告、軟體和電腦服務、互動媒體（遊戲、網頁、行動等），表演藝術類包含舞蹈、偶戲、嘉年華、馬戲團、劇院，視覺藝術與設計類包含設計、時尚設計、藝術與古董市場、工藝、建築、精緻藝術等[15]。

（二）愛爾蘭：有明確的藝術範疇，未定義文化或創意

愛爾蘭從未對文化、創意或相關產業下過完整的定義，只在2003年以「藝術法」（Arts Act）指出：藝術包含視覺藝術、劇院、文學、音樂、舞蹈、歌劇、電影、馬戲團、建築，以及其他任何創意的表達方式。

Indecon 公司為了方便比較愛爾蘭與英國的創意經濟效益，曾經在2009年提交給愛爾蘭藝術協會的一份報告中，建議將愛爾蘭的文化產業分為創意產業和文化旅遊兩類。其中，創意產業包含電影與錄像、出版、廣告、軟體和電腦服務、電視和廣播、圖書館、資料庫、博物館、文化活動、藝術設施的營運、藝術及文學創作與翻譯、音樂、視覺與表演藝術、古董、廣告與流行設計；文化旅遊包含博物館及藝廊之長短期展出、藝術節、暑期研習營或其他藝術展出、劇場表演、藝術中心、音樂廳、藝術／手工藝工作室、愛爾蘭語及傳統藝術學校、考古及古蹟遺址與紀念館[16]。

（三）英國與愛爾蘭比較：英國文化創意並重，愛爾蘭偏重文化

歐盟以同心圓觀點區分文化創意產業，同心圓往內強調純粹

的文化價值，往外強調商業活動和經濟潛力。同心圓的核心是藝術文化創作（內容）場域，創意人提供的原創作品受著作權保護，且具備高度的思想或情感表達價值，例如劇本、戲劇和樂譜等的表達內容促進我們對文化的理解與傳承。第二層是文化產業，將原創概念化成各式商品或服務等，創作一旦商品化後，則容易大量複製，如出版、影視、音樂、表演藝術、電玩等產業。

第三層為創意產業。這些產業將文化商品以創意手法賦予物質性的功能價值，如建築業、設計服務業、時尚設計業、軟體服務業和廣告業等。倘若某商品極具文化內涵，但不具備功能性價值，該項商品創意是無用的。同心圓的最外層是受惠於文化創意的其他產業。換句話說，藝術文化是價值核心，文化產業和創意產業緊密結合、相依且互補（Work Foundation, 2007）。

如由同心圓模式得知（圖5），英國創意經濟含括所有的文化與創意產業活動，相當重視創意商業化的經濟價值，而愛爾蘭創意經濟除了建築外，其他都集中在「文化」產業活動。

三、重要政策、法規與行動方案

（一）政策目標：英國重視經濟價值，愛爾蘭重視文化內容和國家認同

英國文化傳媒體育部掌管的創意產業多過商業創新技能部，雖然申辦2012年奧運和帕運是文化傳媒體育部很重要的特別任務之一，但是它將孩童、年輕人和社群列為它的策略優先對象。就目標而言，不只是文化傳承，建立數位經濟也同樣重要。為了

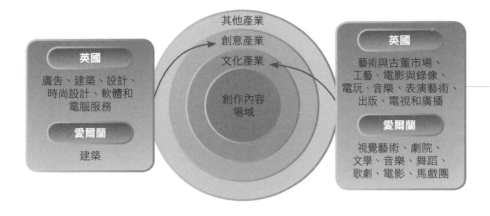

圖中文字：

其他產業
創意產業
文化產業
創作內容
場域

英國
廣告、建築、設計、
時尚設計、軟體和
電腦服務

愛爾蘭
建築

英國
藝術與古董市場、
工藝、電影與錄像、
電玩、音樂、表演藝術、
出版、電視和廣播

愛爾蘭
視覺藝術、劇院、
文學、音樂、舞蹈、
歌劇、電影、馬戲團

圖5　英國、愛爾蘭文創產業比較

資料來源：本研究整理。

達成這些目標，文化傳媒體育部還為自己擬定商業模式，明定其績效衡量的方式，並製作說帖向人民傳達，充分透露出該部會的創業精神（entrepreneurship）。

相對的，愛爾蘭沒有具體完整的文化創意政策，但是我們可以由藝術、遺產暨愛爾蘭語部的設立宗旨窺探一二，即制定、發展愛爾蘭藝文政策和績效評估，提供藝文活動所需的資源和基礎建設，促進藝文活動的經濟產出、就業，以及讓全民共有、共享。

由這兩個機關的宗旨或目標判斷，扶植藝術家和相關產業、推廣藝術生活化和傳承文化是相同目標，只是英國比較重視經濟價值的發揮，而愛爾蘭較重視文化內容和國家認同。

（二）產業政策：英國投資與減稅並行，愛爾蘭純減稅

■英國

2007年，英國文化傳媒體育部研究創意經濟成長的驅動力和阻礙，發現創意產業是就業和財富增加的重要來源，建議政府應該摒棄對創意產業的獎、補助思維，改以投資觀點協助業者保障著作權、降低競爭、加強多樣性、提升技能和取得融資等促進創意產業發展（Work, 2007）。

接著在2008年，英國文化傳媒體育部和創新、大學與技能部提出創意經濟滋養策略，由政府提撥1,000萬英鎊作為業界科技專案基金，並委任創新、大學與技能部專責評估創意產業的經濟效益，英格蘭藝術協會舉辦管理教育課程，提供創業投資基金給這些小型創意企業。此外，英國貿工署負責推動英國創意成果出口，而藝術與企業協會（Arts & Business UK）媒合企業與藝文團體的合作，也幫藝文團體提供稅務規劃服務。

在智慧財產權方面，修正網路資訊分享法規，制止非法資訊分享，並透過學校灌輸智財教育，宣導抵制網路侵權。

英國對於創意消費者、個人和企業型創意提供者的稅賦立場是不同的。凡是企業對藝術、博物館和文化遺產的相關捐贈、贊助或花費都可以減免所得稅；藝文工作者所獲得的獎補助金屬於課稅所得，但若其創意被企業採用，並符合一定條件，則可以減免稅賦。舉例而言，若某部電影主要是由英國製片，至少25%的製片成本是發生在英國境內，符合文化門檻[17] 時，它在英國境內發生的費用是可以百分之百抵稅。

英國政府對藝文活動的補助，均委任公法人進行補助計畫審核和資金分配。1993年文化傳媒體育部設立國家彩券辦公室（Office of National Lottery）負責督導與管理彩券。國家彩券的發行淨收益必須撥入國家彩券分配基金（National Lottery Distribution Fund），再由國家彩券辦公室委託行政法人將基金分配給藝術、體育、文化遺產、慈善支出、健康、教育與環境、及標記千禧年專案等用途[18]。

自1995年起的十七年期間，國家彩券分配基金已撥給藝術和文化遺產高達87億英鎊的運作資金。值得注意的是，這些金額只是國家彩券提撥的數字，如果加計中央政府與各地政府的預算，英國政府對創意產業的投資，的確羨煞其他國家政府和文化創意業者。

另外，英國還設立幾種基金對創意產業進行投資，例如2003年成立的「優勢創意基金」（Advantage Creative Fund），主要針對電影、動畫、軟體、電視、新媒體等項目進行投資，每案投資金額為1萬至25萬英鎊。2005年成立的「創意投資基金」（Creative Capital Fund），主要是以基金與私部門以一比一方式搭配出資，最高投資金額可達65萬英鎊，提供種籽基金以及協助具有潛力的創意企業發展。「企業創業資金」（Enterprise Capital Fund）成立於2006年，是政府支援的風險投資基金，投資範圍涵蓋電影、軟體及數位內容等創意產業，並針對具潛力的中小企業提供最高額度200萬英鎊融資。

在融資方面，則針對創意產業的藝術表演的中小型企業提供

擔保，辦理期程自2009至2015年，預計提供20億英鎊的貸款，貸款期間為三個月至十年，保證成數為75%，每年支付保費為未償貸款餘額的2%。

■愛爾蘭

　　愛爾蘭受英國殖民八百年，由於生產資源匱乏，因此英國《經濟學人》曾在1988年以封面故事形容愛爾蘭為「最窮的富國」，直到1997年，又再以「閃耀愛爾蘭」躍上封面故事，2004年愛爾蘭的國民生產所得已超過英國，國際間以「凱爾特虎」（Celtic Tiger）稱呼它的經濟表現。愛爾蘭的經濟得以成長，1973年加入歐洲共同體是關鍵之一，因獲得許多經濟援助，使得基礎建設和就業機會得以改善，讓它有機會由農業社會進展到工業社會。

　　為了振興經濟、吸引外資，愛爾蘭以稅賦優惠政策吸引創意人和企業界。自1969年的財政法（Finance Act）起，對愛爾蘭本地創意產品免稅，一般外國藝術家在愛爾蘭的所得稅率是26%，然因愛爾蘭政府與30個以上國家簽定避免所得稅雙重課稅協定（Double Taxation Agreements），稅率在0%~10%。

　　就一般產業，愛爾蘭在80年代所得稅率為50%。1982年前，外資企業出口免稅；1982年後，內外銷企業所得稅率統一為10%。2003年後，內銷型企業所得稅率調高為12.5%，外銷型企業稅率維持10%。當時，其餘歐盟國家的所得稅率約在20%~40%之間。稅率的優惠再加上愛爾蘭的官方語言是英語，且是使

用歐元的創始國之一，吸引了大量以愛爾蘭作為前進歐洲市場跳板的國際企業前往投資，尤其是美國高科技產業和製藥業。

為鼓勵電影產業發展、吸引外資，同時推廣愛爾蘭的曝光率，愛爾蘭以稅務減免的方式積極招攬外資企業以愛爾蘭為背景拍攝電影，凡外國投資者在愛爾蘭拍攝成本達3,500萬歐元或有80%投資在愛爾蘭者，則可抵免稅收80%。此外，任何個人或企業對愛爾蘭國家圖書館的捐贈金額都可以從應納稅額中扣除。

為了扶植愛爾蘭的技術與資通訊基礎活動，愛爾蘭政府希望提升研發能力，2003年後，如果愛爾蘭企業自行研發，其支出自第二年起可以減免原本的12.5%的租稅外，還可額外取得25%的租稅優惠（tax credit）；如果委託大學研發，則給予最多5%；如果委託其他個人研發，則最多給25%。至於國外智財轉移入愛爾蘭國內者，愛爾蘭政府不課任何技術移轉稅金，盡量減少被技轉企業成本，以資鼓勵研發活動。

一般言之，租稅優惠和補助是愛爾蘭對文化產業常用的措施，而英國則用盡各種方法來提升創意產業的品質和經濟貢獻。

（三）文創方向大不同：英國創意商業化，愛爾蘭文化生活化

為了避免藝文團體過於依賴政府，英、愛兩國政府主管機關都刻意與藝文界保持一定距離，在政策推行上，都委託公法人與藝文界近身接觸。英、愛兩國的最大差異在於執行重點。英國重視「創意產業化」，創意培養、多樣化與經濟價值是相當重要的績效指標；愛爾蘭重視「文化生活化」，透過科技力量保存傳統

文化，強化本土文化認同是它的著力點。

英國曾經風光地帶領全球經濟進入工商業時代，隨著英國創新能量匱乏、經濟欲振乏力，1997年後，英國布萊爾政府由倫敦都市更新體會到相關產業的成長與經濟力道，從此展開創意產業化的探索之旅。

雖然英、愛兩國在歷史上有著非常緊密的關係，但是愛爾蘭的被殖民歷史，以及當它成為美洲和亞洲跨國企業進入歐洲市場的跳板，受到各國文化衝擊後，讓愛爾蘭透過文化省思與維護活動，形塑出愛爾蘭文化獨特性。相對於英國，愛爾蘭比較重視文化底蘊的厚實與傳承，在文化內容和遺產上著墨較多。

愛爾蘭政府認為要做到「文化生活化」，必須先增加藝文在生活中的曝光度，並維護當地文化，讓民眾對於文化與藝術有意識之後，再行推廣。因此愛爾蘭在積極建設基礎設施之餘，也利用教育推廣傳統文化，增加工作機會，藉此強化愛爾蘭人民對於傳統文化的認同感。

英國創意產業的中央主管部門，在多次的政府組織再造時，雖然總是分布在不同的機關部會，不變的是：強調商業化和技術發展，冀望邁向創新服務與事業化的部分。

英國將文化創業管理機關逐漸調整至文化傳媒體育部為主，商業創新技能部為輔，希望能夠將文化擴展到其他層次，與其他產業結合，創造經濟利益。其中，尤其重視傳播與休閒創意產業，因為英國認為文化的消費經濟力來自於大眾，若能夠促進文化知識的普及化，將文化素養推廣到一般大眾，讓大眾不僅能夠

欣賞並消費文化，便能促進經濟成長，因此在傳播上面著墨甚重，以便讓知識能夠普及流通。舉凡電信產業、電視、電影等，從基礎設施的佈建和相關技術的更新與發展，都是英國政府主要扶持的部分，也因此有了英國廣播公司（BBC）的存在。

培育創意鬼才

一、英國重視個人能力提升

過往英國教育注重文字與數字的應用及判斷能力，但現在則認為只有這兩種能力已不足，需要重視創造力（creativity）、適應力（adaptability）及溝通技巧（communication skills）[19]。由於創意核心為個人之創意才能，相對於教育硬體的建置，英國更加重視個人的能力提升，尤其是高等教育和創意人才養成。在創意人才的養成教育上，「提供青少年創新攸關教育」和「將技能轉換成工作」是其主要目的。

有鑒於英國取得高等教育學位的人口少於五分之一，顯示成人取得高教學位的比例不高，加上受全球化影響，人才跨地域流通情形愈來愈普遍，許多具有高階技能的人才在畢業後多傾向選擇往海外發展，導致人才持續流失到國外，例如在2003年時，約有16.7%的畢業生選擇到海外發展。英國持續擬定相關政策，希望能夠提升國內人才的能力，蓄積國內創造動能，而結果也反映在GDP上面，有了相當的進步。譬如對於技能較低的成人，英國政府曾補助350萬人取得中學教育同等學歷證明（General

Certificate of Secondary Education, GCSE），使就業人口增加3、40萬人。另外，自2008年起，文化傳媒體育部在三年內投入2,500萬英鎊，讓全國兒童和青少年每週增加五小時的創意培訓課程，力求將創造力培養向下扎根。

　　為協助「將個人才華轉換成工作技能」，英國針對特殊領域學子設計發展管道，例如文化傳媒體育部在1998年設立科技藝術基金會（The National Endowment for Science, Technology and the Arts, NESTA），除推廣科技和藝文的知識外，協助具備科技和藝文才能者，將其創造力轉變成可商業應用的產品或服務[20]。同時，提撥300萬英鎊作為創意人再教育基金。又設計跨校和跨領域的創意課程，讓各校課程共享、資源共享、交換學生制度、師長交流及與業界合作，訓練青少年的第二專長；也督促企業界每年提供5,000個實習機會給青年學子。

　　文化傳媒體育部認為，如要將個人才華轉換成工作技能，學校教育必須持續與外界有所連結，例如：博物館、美術館、表演藝術組織等等。於是透過產、官、學三股合作力量，共同推廣正式與非正式的藝術教育，讓全民有更多接觸文化創意的機會。根據英國藝術協會的調查顯示，78%的公立藝文組織加入教育行列，而63%的藝文組織擁有負責教育的人員。同時英國相當推廣讓藝術專家到校園中與學生接觸，藉由分享經驗而引起學生的學習動機與興趣[21]。

　　在地方上，英國也積極透過地方教育單位（Local Education Authorities, LEA）和地方學校管理單位（Local Management at Schools, LMS）推廣產學合作。LEA負責媒合學校與外部組織或是個人，幫助學校建立遴選組織標準與架構；LMS接手與學校的產學合作事務。當LEA的業務被分散之後，許多支援學校內的藝文活動的替代系統隨之而起。當學校與外界組織的媒合機會增加，建立起遴選標準之後，便可以幫助學生將自身才能應用在未來職場。

二、愛爾蘭聚焦藝術與語文才能

　　早期愛爾蘭因為經濟不振、資源缺乏，人口嚴重外移，致使愛爾蘭政府特別重視教育。自1960年代起，中學免試入學，1990年代起，大學免試入學。

　　由於愛爾蘭受英國殖民，早期愛爾蘭教育偏重英國文學，直到1900年左右，開始注重孩童的藝術教育，將歌唱、繪畫、舞蹈和戲劇納入正規教育，然因缺乏相關師資，因而開始培訓相關師資和佈建基礎設施[22]。

　　為了補強音樂師資，愛爾蘭要求音樂教師和音樂表演者必須具備國家學位（national diploma），使得音樂學院的課程設計和新校設立事宜，備受關注。也以國家公器要求愛爾蘭皇家音樂學院（Royal Irish Academy of Music）和所有音樂學院互享教育資源，例如：工作人員、設備、計畫、訓練、人才甄選等。

　　另外，高教訓練獎協會（Higher Education and Training Awards Council）[23] 為了促進視覺和設計品質，舉辦相關領域的品質認證課程。小型產業發展部（Small Industries Division of the Industrial Development Authority）提供小型工藝業者40%~60%的資金補助。

此外，1971年起，開始凸顯英語與愛爾蘭語的區別，在小學階段導入愛爾蘭本土課程，強調個人特色的多樣性以及對環境的意識。在本土文學教育方面，愛爾蘭在編輯小學教材時，偏重愛爾蘭出版品，同時也將特定英文書籍翻譯成愛爾蘭語文。

文化創意競爭力

一、文化力增強競爭力

英國的創意產業生成，乃利用長久積累的文化底蘊以創意應用至不同產業，從音樂、古董、表演藝術等古典藝術，到今天的電信、劇場、電影、廣播等，也逐漸以各種形式將文化融入不同應用，從周邊形態的發展創造更多事業化的可能，並產生更龐大的經濟價值。雖然早期的文化發展偏向菁英文化，在推行文化大眾化後，政府對於文化創意公共事務委託公法人代為關照，政府除了財務挹注和人才培育資源導入外，在行政管理上採「保持距離」（arms-length）原則，公法人的自主性有助於藝術創作的多元表現，不因政治、經濟而輕易更動。

愛爾蘭雖然擁有多元豐富的地方資本，但迫於經濟壓力而急速引進外資，初期以稅務優惠的方式取得各國的技術與資金，在經濟發展同時，較重視硬體建設，忽略本土多元又豐富的宗教及民族文化。長期以來，殖民和外資滋養出英國文化或美國文化，

較罕見愛爾蘭獨有的創新。文化認同和國家認同的優先程度大大高於「文化為體、創意為用」的重要性。幸運的是，愛爾蘭文學、舞蹈、戲劇舉世聞名，未來也許有機會透過這些基礎展開愛爾蘭式的文化與創新。

二、文化力提升經濟力

　　「2012倫敦奧運」充分體現創意產業為英國帶來的經濟效益，事實上，創意產業在英國，已經不是廠商和顧客在市場運作下的簡單呈現。「全民皆創意」和「創意生活化」也許可以用來形容今日英國的創意經濟。我們借用兩類數據來說明，首先，根據文化傳媒體育部的統計，創意產業在2009年創造出150萬就業人口（5.1%的就業率），同年該產業出口產值佔全國出口產值約10.6%[24]。又根據英國近年之文化參與調查（Taking Part Survey），有六成以上的受訪家庭在每年至少會有一次文化之旅，在英格蘭約47%的受訪家庭成員曾經擔任創作者、表演者等內容提供者[25]。

　　早期，英國的文化消費集中於都會區，屬於菁英文化。近年戮力於推廣大眾文化，在各式各樣的文化休閒活動中，閱讀、繪畫和電影欣賞是英國最常見的文化休憩活動[26]。例如，英國在1997年立法將公立博物館改為全面免費，在十年期間，博物館的參觀人數由2,400萬人成長至4,000萬人，光是大英博物館（British Museum）和泰特現代美術館（Tate Modern）在2010年就分別湧入580萬和510萬人潮，目前英國的前十大觀光景點

有八項是博物館和美術館系列。雖然我們不清楚這些參觀人潮中，外籍觀光客和本地觀光客的比例，如果我們以20%作為英國人民參觀博物館或美術館的參考數據[27]，2010年英國可能有1,200萬人曾經去過博物館或美術館。

愛爾蘭曾經在1994年和2006年進行文化參與調查，在2006年，約有85%的受訪樣本曾經在過去一年內參與文化活動，比1994年的調查成長2%，推估這個成長是因為人民所得提高、道路品質改善，以及人民擁車率增加，使得文化視聽受眾可以增加。另有19%的受訪者曾經在2006年擔任文化內容提供者[28]。

文創行不行

「2012倫敦奧運」展現出英國創意產業的治績，英國對於文化創意產業的重視始於1997年，布萊爾政府在選舉期間觀察到倫敦「以文化創意融入都市更新」，帶動經濟成長。在當選之後，全面盤點英國創意經濟，積極地以創意經濟政策作為施政主軸，世界各國也競相效法。英國為了讓創意經濟價值最大化，不論是在人力培育、社群扶植、硬體建設、軟體佈置都耗費大量資源。

就文化創意經濟的發展基磐而言，英國原本崇尚菁英文化，而後透過城市建設發現文化創意對經濟的加值成效，遂大力提倡大眾文化，使得英國愈來愈重視個人化及創新元素。又因英國資本主義和個人主義普及，創意產業凌駕文化產業已成普遍共識。

雖然英國創意產業共分為十三類，兼備內容與硬體優勢，但是英國政府對特別領域項目的偏重，不但影響預算分配，也讓特定領域蓬勃發展，例如：當追求經濟效益為其主要目標時，可能透過對現存或重要建物翻新、修復或新建，來刺激休閒與觀光消費。

愛爾蘭目前著力在電子及內容產業，但主要還是在電子的基礎設施佈建。許多內容產業上雖然有技術，從早期在電影上面的大力扶植到廣播電視的立法與基礎設施，但總還是以製造加工為主。其國內企業雖然透過國外技術移轉而具一定水平，多年下來仍處於技術精進，而非內容發展。在人才培養較重視技術層面的工匠而非注重內涵的說書人，有技術，但沒有說故事的能力，價值提升有限。例如：愛爾蘭的出版、音樂、舞蹈和戲劇都有相當拔尖的人才與作品，但是愛爾蘭缺乏內容敘事能力。

一直以來，愛爾蘭只依賴租稅優惠發展工業和電影，因此，雖然想以「娛樂和運動」作為文化內容產業的發展主軸，恐怕仍需要再由「產業發展」方面多加把勁。同樣的，台灣也依賴代工提升技術水平和人民生活水準，唯我們的專長在於製造技術精進。台灣和愛爾蘭同樣擁有豐富的歷史和文化蘊涵，可是兩國都同樣面臨內容敘事能力薄弱的困境。

論及英國與愛爾蘭兩國對文化創意產業利益關係人的扶植，兩國都大量仰賴國家彩券收入來支持文化創意產業，為了讓產業獨立發展，不受政治影響，兩國同樣都委任藝術協會（公法人）進行預算分配和運用。英格蘭藝術協會除了對創意產業進行獎、補助外，也提供管理諮詢和創投或貸款媒合。相較於英國，愛爾

蘭仍是透過引進外資和租稅優惠兩種手段來帶動國內文化產業，就本土產業的扶植相對較弱。

　　相對於英國的大學文憑人口，愛爾蘭是個具備高教水準的國家。愛爾蘭由於曾經遭遇人才外流和被殖民歷史，自1990年代起，不但大學免試入學，也將藝術教育納入正規的基礎教育，可惜的是，近年來較少在藝術教育有特殊表現。邇來，台灣在教改之後，也大量地提高教育水準，但是台灣在升學主義領導下，對於藝術、文化與創意相關領域的教育，並非主流。雖然近來全民開始瘋設計，但是，設計只是文化創意領域的一部分，未來我們仍需努力。

　　資本主義領銜的英國，主張以市場機制領導創意產業，透過公法人擔任中介組織，顯示英國政府承擔監督義務，但不介入實質運作。英國政府的基本思維是，文化普及應同時顧及消費者和生產者，可以透過大眾媒體或教育等方式來分配文化資本，促進文化服務與產品的消費，而不需無止盡的補助，只讓文化生產者獲益。所以，政府對公法人和藝文組織的資助愈來愈少。不論是公法人或藝文組織都必須建立起自我的商業模式，畢竟生存是最基本的要求，以免文化生產者一味地依賴政府補助，造成政府負擔。

　　愛爾蘭向來以出口導向做為其主要發展經濟的方式，本身的商業化能力較弱，因此它改扶植電子通路產業作為文化擴散通路，捨棄傳統的藝術生產面向關注，反倒接觸到更多一般大眾。

　　由文化創意產業的政策、人培和產業成果，我們不難發現，

英國的積極（pro-active）作為和愛爾蘭的反應（re-active）作為形成對比。這兩國對文化創意的商業化態度明顯地影響兩國對歐洲文化首都的經營與操作，科克與利物浦分別為2005年和2008年的歐洲文化首都，但是相關活動與創意經濟效益受文化基盤與文創政策的影響，兩個城市的歐洲文化首都效益有相當明顯的差異，這個部分我們會在後兩章再說明。

1　保守黨的柴契爾夫人（Margaret Thatcher）於1979年開始擔任英國首相，1992年，保守黨的梅傑（Sir John Major）續任，1997年政權轉至工黨布萊爾（Tony Blair），2007年是工黨的布朗（James Gordon Brown），2010年由保守黨的卡麥倫（David William Donald Cameron）主持聯合內閣。

2　英國是君主立憲制，又稱大不列顛與北愛爾蘭聯合王國 （United Kingdom of Great Britain and North Ireland），主要是由英格蘭、蘇格蘭、威爾斯和北愛爾蘭四個王國（countries）組成。由於英國沒有通用的行政系統，為了溝通方便，本文以「中央」代表英國，以「王國」代表四個王國。除了英格蘭沒有自己的議會和行政院，由中央治理，其餘三個王國擁有自己的議會和行政體系。

3　DNH, 1994, Department of National Heritage Annual Report 1994, London: HMSO.

4　梁賢文，2001，〈英國文化政策與行政作為我國學習對象之研究〉，淡江大學歐洲研究所未出版碩士論文。

5　http://www.ahg.gov.ie/en/AboutUs/AgenciesBodiesunderDepartmentsAegis/，上網日期：2012/6/26。

6　IRELAND, http://www.culturelink.org/culpol/ireland.html，上網日期：2012/3/26。

7　Heritage Council, http://www.heritagecouncil.ie/about-us/about-us/，上網日期：2012/4/16。

8　Arts Council （2011）. Developing the Arts in Ireland, http://www.artscouncil.ie/Publications/Developing_the_Arts_2011-2013.pdf，上網日

期：2012/6/28。

9 Culture link, IRELAND, http://www.culturelink.org/culpol/ireland.html，
   上網日期：2012/3/26。

10 Arts Council (2003). Submission to International Arts Policy Review,
   http://www.artscouncil.ie/Publications/international_policy_review.pdf，
   上網日期：2012/6/26。

11 愛爾蘭在1922年脫離大英帝國的統治，成立愛爾蘭自由邦。獨立戰爭後簽
   訂了英愛條約，愛爾蘭獨立，但東北方的六州仍屬於大英帝國，稱為北愛爾
   蘭。1949年，「愛爾蘭共和國」正式成立。

12 1960年，2RN改名為愛爾蘭電台（Radio Éireann），1961年，愛爾蘭電視
   台（Télifis Éireann）開播。1966年，兩者合併稱為愛爾蘭廣播電視，愛爾
   蘭語為 "Raidió Teilifís Éireann"，簡稱為 RTÉ。

13 Rod Fisher and Carla Figuera, 2011, Compendium of cultural policies and
   trends in Europe – United Kingdom, 13ed. Council of Europe/ ERICarts.
   http://www.culturalpoliceis.net.

14 British Council (2010). Mapping the creative industries: A toolkit.

15 DCMS (2004). DCMS Evidence Toolkit (DET), www.culture.gov.uk/
   images/research/DETTechnicalReportv1August2004.pdf.

16 Indecon International Economic Consultants (2009). Assessment of
   Economic Impact of the Arts in Ireland, http://www.artscouncil.
   ie/Publications/Arts_Council_-_Economic_Impact_-_Final_Report.pdf.

17 文化門檻包含四類：文化內容（場景、角色）、文化貢獻（遺產、多元
   化）、文化樞紐（攝影、後製）和文化工作（導演、演員）。

18 國家彩券收入扣除獎金支出（50％）、彩券稅（12％）、經銷商佣金
   （5％）和發行機構的成本與利潤（5％）後，其餘28％作為公益盈餘。
   1993年制定國家彩券法（National Lottery Act 1993）明定公益盈餘分配比
   率為「藝術、體育、文化遺產、慈善支出及標記千禧年專案」各20％。
   1998年修法時，將公益盈餘運用項目修改為「藝術（16.67％）、體育
   （16.67％）、文化遺產（16.67％）、慈善支出（16.67％）、標記千禧年
   專案（20％）、健康、教育與環境（13.33％）」。2006年修法時，公益盈
   餘由文化傳媒體育部設立的15個公法人執行，而其運用項目修改為「藝術
   （16.67％）、文化遺產（16.67％）、體育（16.67％），其餘三項共
   50％」。

19 National Advisory Committee on Creative and Cultural Education (1999). *All Our Futures: Creativity, Culture and Education,* http://sirkenrobinson. com/skr/pdf/allourfutures.pdf.

20 National Advisory Committee on Creative and Cultural Education (1999). *All Our Futures: Creativity, Culture and Education,* http://sirkenrobinson. com/skr/pdf/allourfutures.pdf.

21 National Advisory Committee on Creative and Cultural Education (1999). *All Our Futures: Creativity, Culture and Education,* http://sirkenrobinson. com/skr/pdf/allourfutures.pdf.

22 Ciarán Benson (1979). The place of the arts in Irish education, The Arts Council. http://www.artscouncil.ie/Publications/The_ Place_of_ the_Arts_ in_Irish_Education.pdf.

23 前身為國家教育獎協會（National Council for Educational Awards, NCEA）。

24 DCMS，http://www.culture.gov.uk/what_we_do/creative_industries/ default.aspx，上網日期：2012/8/1。

25 英格蘭在2005/6、2006/7、2007/8的文化參與調查（Taking Part Survey），平均67%的英格蘭受訪樣本在過去一年曾經作為文化活動的受眾（參與文化活動），47%曾經擔任文化內容產出者、創作者、表演者。蘇格蘭在2007和2009年的調查，分別有74%和79%的受訪家庭過去一年曾經參與文化活動。根據威爾斯2010年的調查，86%的受訪家庭在過去一年曾經參與文化活動，較2005年時增加10%。北愛爾蘭2007年的調查顯示，76%的受訪家庭在過去一年曾經參與文化活動，較2005年時增加3%。資料來源：Council of Europe/ERICarts (2012). 13th edition, Compendium of cultural policies and trends in Europe, http://www.culturalpolicies.net。

26 Council of Europe/ERICarts (2012). 13th edition, Compendium of cultural policies and trends in Europe, http://www.culturalpolicies.net.

27 蘇格蘭2009年文化參與調查，有26%的樣本曾經在2008年參觀過博物館或美術館。而2008年時，全英國有6,140萬人，其中英格蘭佔83.6%，蘇格蘭佔8.6%，威爾斯佔4.9%，北愛爾蘭佔2.9%。資料來源：http://www.globserver. com/%E4%BA%BA%E5%8F%A3/%E8%8B%B1%E5%9B%BD。

28 Council of Europe/ERICarts (2012). 13th edition, Compendium of cultural policies and trends in Europe, http://www.culturalpolicies.net.

第三章
窮困中見轉機之
利物浦2008

「八百個不同的故事，八百首不同的歌，八百種不同的文化，八百樣不同的語言……八百條不同的街道，八百種不同的節奏；八百顆心以同一個節拍跳動。」2007年，利物浦舉城大肆慶祝建城八百年，利物浦出生的著名詩人Roger McGough[1] 創作的長詩《利物浦傳說》在街頭上不斷被吟唱著。這一年，利物浦同時也做好準備迎接來年的殊榮——歐洲文化首都。

從1980年代就開始自我改造的利物浦，位於英國西北方，人口44萬，在戴上歐洲文化首都2008桂冠那刻，註定帶領它的改造攀上另一層高峰。如今，利物浦成為倫敦以外，擁有最多博物館和藝廊的英國城市，終年街頭幾乎天天有音樂節慶在上演著。而城市建設的腳步並未隨卸下歐洲文化首都桂冠後終止，巨型機械手臂仍是海濱區天際線上的風景之一，城市景觀和面貌仍在改變中。

1207年建城的利物浦，從一座小漁村展開它的歷史，它曾是非洲黑奴進入歐洲大陸的最大販賣通道、歐陸移民前往美國的直達地、英國製造業中心、工業革命重鎮之一、世界最重要的貿易海港之一，但水能載舟亦能覆舟，船塢工業讓利物浦擁有過去的輝煌，但也讓它走入衰敗。

20世紀70、80年代，貨櫃工業興起，海上物流中心移轉，傳統製造業也逐漸被時代淘汰，利物浦開始走向衰敗。興建於1846年的亞伯特船塢（Albert Dock）在1972年關閉，輝煌史頁告終，城市裡大量因著港口興起而存在的倉庫建築也開始閒置，其他工業如紡織業和鋼鐵業逐漸凋零。80年代，利物浦甚至成為英國失業率最高的城市、最貧窮的城市，社會問題層出不窮，街道空蕩蕩，因為這座城市正以每年15,000人的速度在流失人口，和30年代85萬人口的頂峰相比，現今的人口只剩一半。

　　最壞的時刻在1981年來臨，利物浦郊區Toxteth爆發一場由黑人、移民及窮人的大暴動，背後代表著對經濟蕭條、貧富懸殊、階級對立的長期怒氣。大暴動使英國警方第一次使用催淚瓦斯對付平民，這場暴動最後造成300名警察受傷，500人被捕，150座建築被毀。

　　從輝煌走入落魄，利物浦只花了短短數十年。然而，極端的衰敗讓利物浦不得不思考出路，「最壞的時刻也是最好的時刻」，這句話用在利物浦身上很貼切。80年代後期，利物浦開始走上再生（regeneration）之路，苦思轉型方向，也因此促使利物浦當局決定在1999年加入甄選歐洲文化首都的角逐行列，並進行一系列的城市再生工程。

多元城市記憶與認同

一、城市記憶

對於利物浦城市的記憶有美好的，也有醜陋的，這些記憶牽動著人們對這座城市的認同，隨著每一段記憶的不同，產生的認同也不同。人們對利物浦的美好記憶與認同，充分體現在海事、建築、藝術、音樂和運動等文化資產上。

在歐洲航海興盛時期，利物浦因優良的港口而有了長足發展，吞吐貨物，也接納流亡的人們。隨著新大陸在航海時代「被發現」，利物浦成為當時世界上最大的奴隸買賣場所。1715年利物浦建成英國第一個船塢，而奴隸貿易的利潤幫助該市迅速繁榮起來。到18世紀末，利物浦控制了歐洲41%、英國80%的奴隸貿易。同時這裡也是英國工業革命的主要地區之一。到19世紀初，40%的世界貿易通過利物浦船塢；1830年世界上第一條客運鐵路在利物浦和曼徹斯特之間開通。利物浦的人口繼續快速增加，最終成為英國第二大都市。

1830至1930年，這裡是歐洲通往新大陸的門戶，約有900萬歐洲人由此移民至美國和澳洲，或是前往未知的遠東和非洲；這裡，也有大量來自上海的中國移民，建立了歐洲最早的華人社區。今日上海和利物浦締結為姐妹城市，便是因著這段歷史淵源和兩座城市在港口發展上的相似。

利物浦的建築資產和其作為海港城市有著密不可分的關係，這種船塢、運輸設施、廠房、倉庫，以及因海事而起的商辦等，

散落在城市的各個角落,反映的是時代的榮衰。利物浦最有名的船塢是亞伯特船塢,建於1846年,為英國最大的一級登錄建築,被認為是世界上最先進的碼頭之一。市中心的北面是史坦利船塢(Stanley Dock),擁有史坦利船塢煙草倉庫(Tobacco Warehouse),在1901年興建時,是世界上面積最大的建築,至今仍是世界上最大的磚砌建築。

利物浦是一個海港城市,海港城市最不缺乏故事,每一個時代都留下珍貴的航海遺產,因此聯合國教科文組織(UNESCO)世界遺產委員會在2004年通過決議,以「利物浦:海上貿易城市」(Liverpool－Maritime Mercantile City)為名,將利物浦市中心由亞伯特船塢的海濱開始,穿越皮爾希德(Pier Head)到史坦利船塢為止,圍繞商業區(Commercial District)、繩索工場地區(Ropewalks)和文化區(Cultural Quarter)[2]等地區列入世界遺產名單之中。UNESCO給予利物浦作為世界遺產有如此的評價:「這六大區域見證了18、19世紀大英帝國在全球貿易市場上的發展過程,同時也是承載大量的移民人口,諸如從北歐到美洲的奴隸和移民者(直到1807年美國黑奴制度廢除為止)。此外,無論是在現代碼頭技術、運輸系統或是港埠管理、文化融合等等的發展上,都展現出先行者的角色。」

除了建築,利物浦的藝術表現在城市空間和新舊元素的交融。除了倫敦以外,利物浦是英國擁有最多博物館和藝廊的城市,1988年,泰特利物浦美術館(Tate Liverpool)在利物浦設立,很快成為展示當代藝術的據點,也讓利物浦躋身當代藝術之

第三章 ── 窮困中見轉機之利物浦2008

亞伯特船塢（攝影：孔憲法）

皮爾希德（攝影：孔憲法）

列的代表性城市。1999年，利物浦雙年展創辦，強調每一件作品都與利物浦這座城市息息相關，每次展出都邀請藝術家量身打造新作品，利物浦的海港、歷史、人文，甚至二戰後的衰敗、荒蕪，都曾經作為主題。利物浦雙年展如今是英國展出各國當代藝術最大的展覽。另還有多家劇院，人人劇院（Everyman）和劇場劇院（Playhouse）常常上演當地國際劇作家的作品。利物浦帝國劇院更是膾炙人口的《西城故事》作品之鄉。而利物浦的藝術與創意科技基金會（FACT）中心則專門展出多媒體、電影和電子藝術。

足球是利物浦熟為人知的代表，利物浦足球俱樂部（紅隊）和愛弗頓足球俱樂部（藍隊）是英超最大的兩支球隊。紅隊已經

泰特利物浦美術館（攝影：孔憲法）

獲得18座英超冠軍，另外，Haydock Park全年皆有賽馬活動。

發達的港口不僅帶動利物浦的進出口貿易，也帶來文化上的觸碰並激盪出火花，最著名也是最經典的例子就是「披頭四」（The Beatles）的發跡與掀起的狂熱。1950年代，利物浦從美國進口全新的音樂種類──搖滾（Rock'n' Roll），它讓整日在碼頭上無所事事的四個利物浦少年瘋迷，孕育出披頭四傳奇。60年代初期的利物浦，小型會所和酒吧林立，提供大量演出機會給新樂團。後來，亞伯特碼頭興建披頭四紀念館（The Beatles Story），供歌迷瞻仰樂團的風采，也證明披頭四在英國人心中無可比擬的地位。

其實利物浦的音樂土壤是古典音樂，利物浦皇家愛樂樂團

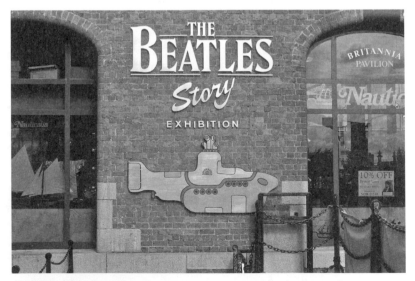

披頭四紀念館（圖片來源：http://www.flickr.com/photos/jb912/3896944001/）

（Royal Liverpool Philharmonic Orchestra）每年在當地的演出長達九個月，幾乎是利物浦人生活中的精神糧食。如今，利物浦是現代流行音樂和古典音樂交融的城市，音樂節已經成為城市的常態活動，一年至少有七場固定登場的音樂節（如表2）。旅客不管哪一季節抵達利物浦，總是可以參與街頭的音樂狂歡，見證音樂散發的力量。

　　海事、建築、藝術、音樂和運動是利物浦當今引以為傲的文化資產，也是吸引觀光客的最佳賣點。不過，利物浦的記憶並非全是美好的，如今的樣貌是利物浦窮則思變的成果，「窮」是利物浦的另一個面向的記憶。

表2　利物浦每年音樂活動

時間	項目	說明
每年5月	國際爵士音樂節	
每年5月	利物浦音樂節（Liverpool Sound City Festival）	被譽為英國最具看頭的音樂盛會，邀請新進成名的藝人與樂團表演，吸引全球各地音樂產業人士的高度參與，從音樂品牌商到產業高階管理人、相關藝文媒體都齊聚一堂。
每年5月二天	非洲音樂節（Africa Oye）	是英國最盛大的非洲音樂與文化慶祝盛會，活動始於1992年。
每年7月一個月	利物浦夏日流行音樂節	
每年8月	馬修街音樂節（Mathew Street Festival）	歐洲最大的免費音樂節活動，2012年即將邁入第20個年頭。
每年11月	利物浦音樂週（Liverpool Music Week）	英國最大的室內冬季音樂會。
每年11月	英國國際吉他節	在烏伊拉爾半島上舉行，在不同場地表演古典樂、爵士樂、藍調、鄉村和佛朗明哥吉他音樂。

資料來源：本研究整理。

　　從1207年開始，利物浦依恃著港口優勢，一直締造輝煌的紀錄，尤其在大英帝國時代，把守北大西洋入海口，執當時商業、工業城市牛耳，匯聚優秀人才。可是，這樣的榮景在20世紀開始有了劇烈轉變，貨櫃業的興起取代碼頭的功能，以碼頭工業起家的利物浦完全無招架之力，此外，航道的淤塞也使利物浦漸失轉運港優勢，遠洋運輸的功能逐漸移轉到英國南部的港口城市。二次世界大戰，德國對英國的大轟炸也對利物浦造成重大傷害，即使戰後重建，也無法使利物浦恢復元氣，60年代的披頭四樂團雖風靡全球，但也沒有給予利物浦太多重生的力量。

　　1981年的Toxteth大暴動是利物浦城市記憶中難以抹滅的一塊，一直到90年代初期，利物浦淪為英國，甚至是歐洲最貧窮的城市，很多人用「病入膏肓」形容它。人口大量外移，閒置的工業廠房讓整座城市彷彿鬼城，誰能想像這些代表利物浦輝煌的廠房，居然淪為社會犯罪的溫床，最壞的時刻，利物浦人一度爭論是否拆除這些「毒瘤」。20世紀的利物浦記憶是上述這些不堪，遠勝文化資產給人的印象來得強烈，但也就是這股絕望到底的無力，讓利物浦「思變」。

二、文化包容的城市認同

　　什麼是利物浦的城市文化？利物浦申請歐洲文化首都2008時，主張：利物浦是非傳統的、具開拓性的、變幻莫測的……。因為它一直處於邊緣，英國的邊緣，歐洲的邊緣，美洲的邊緣，非洲的邊緣，是一座處於「文化斷層線」的城市，這是利物浦對

自我的認同。

　　身為一座港口，輝煌後沒落，似乎是許多港口城市的宿命，但港口的開闊性讓利物浦的文化與人們是流動的，移民來來去去、進進出出，依附在人們身上的文化也來來去去、進進出出，披頭四發揚光大的搖滾樂本來就是一種進口文化，來自美國。港口、音樂和體育，也造就利物浦的酒館文化，酒館是人們「臭味相投」，尋找心靈慰藉的場所，也是文化激盪的場所，更具有凝聚情感認同的功能。

　　更深層的情感面是「包容」，利物浦見識了大時代，黑奴和移民，繁榮和災難，因著這樣的吸納能力，利物浦面對自己的衰敗後，才有振作再起的今日，而且，給予它再起的力量就是它自己的過去。利物浦並未因為20世紀的衰敗就把過去拋棄，而是重拾過去，不管是好的還是壞的，都是歷史的一部分，而歷史，總讓人可以記取教訓。

三、城市智慧資本

　　身為港口的利物浦承載著許許多多的文化與故事，隨著利物浦的人口流動性高，城市所承載的文化益發多元，依附在人們身上的記憶與文化彼此交織融合成為城市重要的根本。曾幾何時，這個繁華的港口也面臨衰退的宿命，陷入發展停滯的泥沼中，時至今日利物浦藉由發展城市智慧資本，將城市從衰敗的命運中解救出來。過去利物浦因航海時代而輝煌，當時的碼頭工人、海事專家等可說是城市重要的人力資本；海港貿易、奴隸買賣使利物

表3 利物浦的智慧資本

資本	說明
人力資本	在航海時代，利物浦重要的人力資本是海事專家、碼頭工人、建築師、商人等；當代重要的人力資本是音樂家、藝術家、運動員等。
社會資本	最重要的社會資本是「包容」。以港口城市為核心，海港貿易、船塢與碼頭建築、移民進出、奴隸買賣、多元文化融合等活動皆倚其而生，也造就利物浦如今的城市樣貌。
文化資本	利物浦面臨愛爾蘭海，在默西河東岸；海事下的建築，獲得UNESCO列為世界文化遺產；音樂盛會、博物館，以及精彩的體育賽事等，都是利物浦擁有的文化資產。
結構資本	利物浦的城市再生計畫與申請歐洲文化首都在都市有系統的政治制度、政府系統與民間系統的合作與分工下完成；八百年歷史的城市本身則有完善的道路、稅收等基礎建設。近代則加入科技層面的基礎建設。

資料來源：本研究整理。

浦融合了多元文化，然而歷經世代更迭後，人力資本的重點轉移至藝術家、運動員等身上，而當時因海港貿易、奴隸買賣而產生的多元文化，則締造今日利物浦的城市樣貌。從上述的城市記憶與認同中，我們以人力、社會、文化和結構這四種面向來歸納這座城市的重要的智慧資本（如表3）。

城市轉生術

　　利物浦以「the world in one city」作為2008年歐洲文化首都的主題，亦即要打造利物浦成為一座「世界級城市」。什麼叫做世界級的城市？利物浦基於歷史與文化，為這座城市建立永續的文化基礎設施，發展包容且動態的社區，以及成為歐洲一流城市。換句話說，利物浦定位未來是一座專門發展文創產業的城

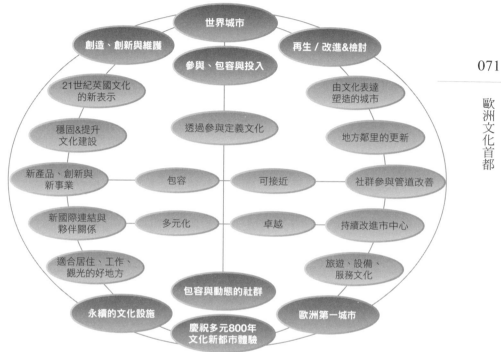

圖6　利物浦的城市想像藍圖 [3]

市。利物浦從90年代開始，一直以文化元素為都市再生加值，城
市的外貌不斷在變化，傳統與當代建築新舊交融。此外，透過與
國際網絡接軌，鼓勵開發文化創意新產品、新服務，以及新創事
業的發展。其次，利物浦將是一座「以人為本」的城市，透過讓
在地人參與文化活動，增加社區凝聚力來發展與積累社會與人為
資本。最後，致力發展經濟資本，改善城市基礎建設的品質和社
區的再生，使利物浦成為一座世界級的城市、一流的歐洲城市。

演奏城市再生進行曲

　　以下我們由利物浦文化公司、歐洲文化首都2008年的活動和城市再生與復興三個面向，討論利物浦如何透過歐洲文化首都展開城市建設，重新展現城市活力。

一、文創指揮家——利物浦文化公司

　　歐盟徵選「歐洲文化首都」的條件非常重視獲選城市內外部的連結，對內是指該城市如何和本地利害關係人連結，如何讓本地人樂意參與；對外則是與其他城市、國家及國際的連結。利物浦以「利物浦文化公司」（Liverpool Culture Company, LCC）的運作來達成內外部的連結。

　　利物浦文化公司在2003年成立，是一家「公司化的官方組織」，統籌所有與歐洲文化首都2008的申請、計畫、執行及後續評估的所有相關事務。董事會由官方主導，執行面則由官民聯手，利用公司化組織，擺脫官方組織可能出現的無效率與不被信任。這樣的組織形式除了讓團隊運作有效率，也容易吸納各領域的專家投入（擔任董事），進而帶動各領域與利害關係人之間的合作。

　　利物浦文化公司董事會成員來自產、官、學、研、民等五大領域的城市治理關係人，以利物浦市議會為核心，納入大學、博物館、國內外企業、中央政府、地方政府和民間組織等，來達成城市內外部連結目標（如表4）。成立之初，公司董事會成員除

了市議會成員，與在地組織的關係較緊密，如大學、社區組織、在地媒體、在地企業等，都是初始董事。此顯示公司一開始運作最需要和在地溝通，瞭解地方需求，取得地方共識。接下來，董事會成員加入中央政府層級的單位，譬如英國西北部地區發展局（Northwest Regional Development Agency, NWDA）、英國文化傳媒體育部、國家廣播電台（BBC）等。末代董事包括NWDA、利物浦市議會兩席、國際數位內容中心（International Center for Digital Content, ICDC）、利物浦大學、英國藝術協會，以及Hill Dickinson。和之前的董事會成員多元背景相較，產業界全數退位，財務功能取代行銷功能，官方代表吃重（六席）。

表4　利物浦文化公司利害關係人類別

類別	關係人代表
產	國際企業：Ascent Media Group 娛樂發行媒體公司、Grant Thornton International財務顧問公司、Hill Dickinson法律服務公司
	國內企業：Urban Splash地產公司、Amaze行銷公司、Radio City利物浦流行音樂電台、Wade Smith服裝公司、Classic FM英國古典音樂電台、Granada電視公司
官	國會、利物浦市議會、反對黨、利物浦文化公司、英國遺產協會、英國西北部地區發展局、默西投資機構（The Mersey Partnership）、英國文化傳媒體育部、威勒爾自治市議會、羅齊戴爾自治市議會、默西塞德郡警察局、國家廣播電台、英國體育協會西北區代表（Sport England's Northwest Regional Sports Board）
學	利物浦約翰摩爾斯大學、利物浦社區學院、國立利物浦博物館、泰特美術館、利物浦大學
研	西北數位內容中心
民	社區服務非營利組織（Granby Residents Association）、西北殘疾藝術論壇（North West Disability Arts Forum）

資料來源：本研究整理。

二、整個城市都是我的舞台

　　利物浦文化公司首要任務是「藝術活動規劃」，最具特色，也是最關鍵的活動是「主題年」的系列活動，從2003年獲選為歐洲文化首都此一殊榮該年開始舉辦，一年一個主題，在此主題下推出各式各樣的文化活動與慶典。利物浦文化公司所規劃的藝術活動範疇廣泛，包括藝術活動管理、製作人，到發展音樂、視覺藝術，以及加入文學元素的表演等。

　　利物浦文化公司藉由規劃「主題年」活動，希望可以在2008年達到三項目的：建立一更有能力的「08」團隊；建構本地、國外及國際意識；發展與各利害關係人的關係。利物浦文化公司的「08」團隊藉由每一主題年的舉辦，從主題設定、企劃、執行，到來年的準備等，可說是從2003年起開始「練習」，經過五年的操演，累積團隊的能力，以及建立外界對利物浦的節慶印象與認同，才能讓2008年歐洲文化首都年的慶祝活動攀上五個主題年後的高峰。

　　從2003年開始，利物浦連續八年都設定主題年，2003年「學習」，2004年「信念」，2005年「海洋」，2006年「表演」，2007年「利物浦800週年」（Liverpool's 800th），2008年「歐洲文化首都」，2009年「環境」，2010年「創意與創新」。八個主題年當中，最醒目的當屬2008年，即利物浦享有「歐洲文化首都」頭銜這一年，對利物浦文化公司而言，精心策劃的數千場活動能否達到預期效益，「傳播」與「傳遞」將是成功的關鍵因素之一。因此，早在2007年，整座城市便開始為迎

接2008年做準備。

　　利物浦2008活動分為音樂、展演（舞台）、藝術、街頭、體育、研討會（座談會）、探索等，總計7,000多場活動，參與的藝術家上萬人，有1,500萬人參觀了文化活動，另全球有13位皇室成員參與，以及2位總統到訪。

　　歐洲文化首都2008年的活動規劃有幾點特色：

1. 經營城市空間與時間

　　利物浦文化公司在2006年11月發布2007年和2008年的活動表，整體而言，兩年度的活動表是在經營城市的時間和空間。

　　在時間經營方面，每個月有多場活動，而且特殊時間有應對活動，譬如每年4月起是利物浦皇家愛樂樂團的演出季，固定10月舉行的特納獎（Tuner Prize）也在2007年移師利物浦，1月有新年煙火秀，2月有中國春節活動等，都是配合時節而推出的活動。搭配時節推出的活動除了有利設定主題，也可以賦予活動更深層的意義，兼顧多元民族的節慶，讓多元文化的人們能夠共同參與。

　　在經營空間方面，利物浦運用城市具有特色的新舊空間架構歐洲文化首都的表演舞台。古老的建築再生後躍為主角，包括亞伯特船塢、藍衣藝術中心（Bluecoat）、愛樂廳（Philharmonic Hall）、聖喬治大廳（St. George's Hall），以及古老的教堂等；博物館是講述利物浦歷史的最佳場景，包括海事博物館（Maritime Museum）、泰特利物浦美術館、利物浦大學維多

利物浦海事博物館（攝影：孔憲法）

利亞美術館和博物館等；著名街道也化身為舞台，如伍德大街
（Wood Street）、牙買加大街（Jamaica Street）等。嶄新又現
代化的空間則有新建的回聲體育場（Echo Arena）與商場。利
物浦歐洲文化首都的活動就在新舊交錯的城市舞台上演，古老空
間讓人民重拾過去的歷史，看清自己的來路，新穎建築則揭示未
來。

2. 高度在地參與，展現城市認同

利物浦歐洲文化首都活動是由「人」串起的：藝術家、音樂
家、舞蹈家、畫家、歌唱家、運動員和志工等，而這些活動多數

由在地人策展、演出，或是主題與利物浦相關，譬如2007年7月的「神奇歷史之旅」是一場利物浦八百年歷史的大型展覽；而FACT拍攝的影片則以利物浦為拍攝場景。2008年全年活動「芬芳」是講述利物浦職務的故事，「城市放眼看世界」是資助當地藝術家和藝術團體的活動。利物浦當地人民的積極參與，根據統計，利物浦的所有學校的67,000名孩童全部參與了活動，另有16萬名創意社區成員參與，1,000名志工以及5,000名前線工作人員的投入。藉由活動，不僅串連利物浦當地或崛起於此的藝術家們，也激發人們對利物浦的認同感，讓人們認識利物浦過去的歷史和未來。同時，當地人民的參與度也被用來衡量活動成功與否的指標之一。

3. 多元文化融合，以少數凸顯多元

　　利物浦是一座移民大量進出的城市，歐洲文化首都活動的目標是要促進歐洲人民對歐洲文化的認同，但歐洲文化本身是由多元文化組成，因此，歐洲文化首都這個盛大節慶，除了彰顯利物浦的在地文化，串連在地藝術家和創作人；另一方面，也加入其他文化的參與，如2008年2月的中國春節活動，邀請北京、上海的藝術家參與，上海還是利物浦的姐妹城市。

　　2008年7月舉辦阿拉伯文化的藝術節，主要場館是在知名的藍衣藝術中心，展出中東地區的當代藝術作品、音樂、舞蹈、文學、戲劇及美食等。另外，有來自阿拉伯地區的演奏家和利物浦皇家愛樂樂團共同演奏，以及在牙買加大街舉辦黑人的打擊樂和

盛大的維也納舞會。

　　整體而言，2008年的活動主軸仍是在「利物浦」身上，其他地區的文化活動是少數，但卻發揮畫龍點睛的效果。

4. 城市即舞台

　　利物浦在1999年開始進行「城市復興」的更新運動，全面改造建築物與市容，這項工程的結果剛好為歐洲文化首都2008搭建絕佳舞台，多個碼頭區、藝術中心、可容納萬人以上的體育場和會議中心，以及利物浦的著名街道如伍德大街等，都是支撐活動的場所。不止如此，街頭就是絕佳的表演空間，尤其不少音樂活動，在街頭上舉行比在正式的音樂廳更吸引人們。

　　當整座城市就是舞台時，最重要的是活動內容與城市舞台做完美的搭配，尤其是已被列為文化遺產的碼頭區，歐洲文化首都2008的開幕典禮、2008年的迎新煙火秀和「利物浦之聲」，都安排在碼頭區。而動態表演、靜態展演，或是學術交流研討會，被安排在利物浦博物館、美術館、私人藝術中心、公園、學校等地進行，讓人們更樂於親近。

5. 古典與現代並存

　　利物浦是一座古老的城市，2007年歌頌建城八百年，古典的文化元素貫穿2008年歐洲文化首都的活動，最重要的是利物浦皇家愛樂樂團和文化遺產的歷史建築，一是軟性的內容，一是剛性的載體，但卻是利物浦八百年的基底。

6. 大學參與的重要性

　　利物浦大學也是舞台之一，2008年11月的「Shipping Lines」文學活動便在利物浦大學舉行。而利物浦文化公司也委託利物浦大學和利物浦約翰摩爾斯大學評估與衡量整體活動成敗。兩所利物浦在地大學都擁有超過百年歷史，在利物浦作為2008年歐洲文化首都全程中，扮演著智囊、參與者及評估者的多重角色，主觀又客觀，既在內部又在外圍。

　　兩所學校從社會、文化、經濟與環境層面評估利物浦作為「歐洲文化首都」的成效，整體研究計畫命名為「impact 08」，並在2009年底出版了一份正式的研究報告。該評估計畫建立了一套衡量模式，這套模式可被複製，將應用到倫敦2012奧運。

　　利物浦大學建校於1881年，至今已超過百年歷史，歷年來共有八位諾貝爾獎得主，是一所公立大學，也是英國第一所「紅磚」大學。利物浦大學課程設計與地方特色結合，呼應利物浦兩大特產——足球與音樂，利物浦大學設立足球研究中心，開設足球MBA課程，成立流行音樂研究所，是世界上唯一開設音樂產業課程的大學。

　　利物浦約翰摩爾斯大學建於1825年，以約翰・摩爾斯爵士命名。學生人數約24,000人，教師有2,500多人，來自全世界70多個國家。這是一所研究和教學並重的大學，在英國教育委員會的教學品質評估中獲得「優秀」，並於2005年獲得高等教育女王週年獎，此獎是英國大學競相爭取的最高榮譽。約翰摩爾斯大學與世界其他許多國際知名大專院校及公司建立非常好的關係，

學生畢業後都可以在世界著名的企業謀得一職，例如蘋果公司、美國通用汽車、IBM、微軟電腦、福特汽車或BBC。

三、城市支援計畫

利物浦在2005年推出歐洲文化首都2008的志工計畫，人數從一開始的25人增加到2008年上千人，這項計畫與在地大學生和年輕人高度結合，被譽為全國最棒的志工計畫，分別在2006年與2008年獲得志工管理單位與西北青年企業的肯定。志工計畫的成功在於它的獨特性，包括積極的志工服務，以及社會和個人的發展，志工參與者除了可以認識新朋友，接觸社會，當局另外提供選修的培訓課程，增進他們的技能。這些課程主要針對失業者，目標在於幫助他們重返就業市場。透過這項計畫，參與志工有四大收穫：認識朋友、以城市為榮、學習與增進技能，以及培養自信心[4]。

利物浦在1980至1990年代經濟大衰退，失業率是全英最高，雖然之後朝向發展創意經濟改善了就業率，但歐洲文化首都2008是一個可以幫助失業率下降的絕佳訓練機會，短期可以將失業人力投入活動，長期可以幫助他們返回就業市場。對志工個人而言，收穫如上四點，但對城市和國家而言，這是一種讓城市與國家競爭力提升的基礎建設。

城市的改造或升級活動，往往需要一個強而有力的組織運作，權力集中，但執行力分散，才能集眾人之力共同創造與前進。但這樣的活動通常由官方主導，民主國家的集體決策若無創

新方法，不僅取得共識困難，執行時的意志力也會因各種民主程序備受束縛，進而導致效率不彰。

　　創意經濟並非單一產業組成，而是多種產業的集合，主管或帶領的組織需要有官方的「權力」與「預算」支持，但需要民間力量的投入，包括人才、創意、認同與承諾。像利物浦文化公司這樣官方化的民間組織，便將公、私部門所需的條件集合起來，才能有2008年的成果。不過，這樣的組織相對地需要一個公平適切的監督與成果衡量方式，利物浦文化公司則將此事交由大學執行。

四、城市的第二春

　　利物浦歐洲文化首都2008的成功因素有很多，如果說這座城市的歷史是建構歐洲文化首都2008的基礎建設，那麼，同樣為基礎建設，近年來最重要的可說是利物浦自1999年開始進行的大規模都市再生，這讓利物浦引以為傲的文化遺產得以更新、活化與再利用。雖然整座利物浦就是活動舞台，但如果沒有與歐洲文化首都計畫同步進行的城市再生計畫，歐洲文化首都舞台可能不是2008年呈現的模樣。事實上，支撐歐洲文化首都活動的硬體和載體發展及維護，並不是利物浦文化公司主導，而是由利物浦願景公司（Liverpool Vision Co., LVC）負責都市更新，但其重要性對歐洲文化首都2008同樣有著不可取代的位置。

　　利物浦願景公司成立於1999年，它是由利物浦市議會、英國西北部地區發展局、英國策略聯盟（English Partnerships）[5]

共同成立。董事會成員不超過八人，除由發起單位的指派代表，也包含其他私部門代表。這三個主要組織帶來不同的人力、權力和資金投入LVC，最重要的是長遠的承諾，讓利物浦願景公司以城市視角切入，負責整合歐洲及英國政府的各項資源，讓默西塞德郡（Merseyside）創造可以吸引投資、增加就業及利益分享的市中心環境。

利物浦願景公司和利物浦文化公司的運作方式一樣，是官方設立的公司，沒有自己的預算[6]，被規定不能直接進行都市更新相關的商業開發，必須與當地原有的中介組織（agency）合作。在1999年成立之初，利物浦正處在衰敗，利物浦願景公司設立的目標是將投資與發展帶回「最糟糕的地區」，任務是「辨識投資機會、制訂發展策略給城市關係人」。因此，利物浦願景公司很快地在2000年發表「再生策略綱要」（Strategic Regene-ration Framework, SRF），根據這份綱要，SRF的遠景目標有十二項：

（1）打造21世紀經濟

（2）提升競爭力的職業前景

（3）建立包容性的社區和熟練、適應力強的人力

（4）提供高品質安全的城市環境

（5）利用市中心豐富的歷史資產

（6）成為下一世代的國際城市的標竿

（7）成為世界級的觀光城市

（8）成為第一個國家級購物中心的城市

（9）創造有品質的生活方式

（10）提供受歡迎的體驗

（11）改善利物浦的歐洲形象

（12）為願景打造一個有效率的運作機制

　　此外，利物浦願景公司要支持的配套項目有五項：協助申辦歐洲文化首都、提高城市內外部連結、促進社區參與、加強城市社區化、鼓勵企業發展。配套項目的第一項是協助申辦歐洲文化首都，儘管歐洲文化首都申辦與執行主要是由利物浦文化公司主辦[7]，但可以看出，利物浦當局是將城市再生作為歐洲文化首都2008的必要手段之一，城市再生可以為申辦歐洲文化首都這項殊榮加分，而城市再生的計畫細節也必須提早想像：「當利物浦作為歐洲文化首都，城市應該是什麼樣的面貌」。

創意經濟一把罩

　　利物浦發展文創經濟主要的支柱是既有資產的轉化（創新政策），既有資產包括過去的歷史記憶、文化資產與社會包容，以及近代新興的文化元素；政府要能正視地方的需求，進而提出創新政策，包括以公司形式執行歐洲文化首都計畫，串連私部門力量，讓創新政策得以落實。而讓利物浦政府與民間都願意投入的原因在於，大家都有感地方必須改變的強力需求，奉行「文化搭台，經濟唱戲」策略。

一、文化消費成果

（一）文化參與、經濟與觀光

從區域上來看，在2008年，三分之一的參觀者來自當地，六分之一的參觀者來自區域之外，以及將近5%的參觀者來自國外，參觀者仍以當地居民為主。在2006~2008年期間，利物浦和英國西北地區民眾的文化參與大幅度增加。例如：在利物浦地區，每年增加10%的藝術參觀人數；利物浦民眾比起英國其他地方，對博物館與美術館有著更高的興趣；宣稱對文化不感興趣的利物浦民眾比例減少。自2004年起，默西塞德郡七個大型景點的遊客人數增加50%，在2008年達到尖峰，有550萬人。根據2009年統計，66%的利物浦居民至少參加過一項歐洲文化首都活動。14%的利物浦居民感覺，參加歐洲文化首都2008活動是在「嘗試一件新鮮事物」。60%的西北地區民眾認為，在2008年，比以前曝露在更多文化活動和機會中。

另外，ECoC 2008招募1,000名活動志工和5,000名第一線工作人員，他們不但促進社會互動，協助接待外來旅客，也幫忙行銷利物浦的文化和歷史資產等。

（二）文創經濟果實

2008年，預估有2,770萬名觀光客到利物浦，比2007年增加34%，有7,500萬名觀光客到默西塞德郡，比2007年增加19%。這些成長數字比起其他城市都來得多，2007至2008年間，在白天觀光上，默西塞德郡有20%的成長，而西北地區其他城市的成

長約在1%到4%。在過夜住宿方面，默西塞德郡有4%的成長率，而大曼徹斯特郡（Greater Manchester）則下降7%。

　　ECoC 2008為利物浦額外吸引了970萬人前來觀光，佔2008年該城總旅遊人數的35%。估計這些觀光客為利物浦、默西塞德郡和西北地區創造出75,380萬英鎊的直接遊客花費。又260萬來自歐洲和全球的觀光客，其中97%的人是第一次造訪利物浦。ECoC 2008活動為利物浦、默西塞德郡和西北地區的飯店，分別帶來114萬、129萬和170萬的過夜住宿天數[8]。

　　根據估計，歐洲文化首都改變利物浦城市樣貌，提振在地產業的士氣，增加產業商譽。2008年後，利物浦有1,683家創意產業企業，僱用11,000名員工，比起2004年增加8%的企業家數。

表5　利物浦2008與其他歐洲文化首都經濟效益比較

收入來源	總收入（佰萬歐元）	贊助商與銷售	市議會	其他公部門
利物浦（Liverpool）2008	155.4	20%	58%	22%
林茲（Linz）2009	68.7	11%	29%	31%
斯塔萬格（Stavanger）2008	36.9	28%	37%	34%
錫比烏（Sibiu）2007	16.9	16%	51%	33%
盧森堡（Luxembourg）2007	57.5	8%	22%	70%
里爾（Lille）2004	73.7	18%	30%	52%
格拉斯哥（Glasgow）1990	81.5	11%	66%	23%

資料來源：Garcia, Melville & Cox (2009).

二、城市治理

（一）文化活力與形象

　　利物浦當局肯定歐洲文化首都活動的成功，為既有的再造計畫創造附加價值，以及提供該城市發展的潛能。利物浦歐洲文化首都計畫是公部門、私部門和第三部門共同合作的產物。該計畫促使文化成為跨部門整合議程的核心，進而形成2008至2013年新的城市文化策略。利物浦歐洲文化首都活動創造出有始以來最高的贊助與收入金額，計有2,230萬英鎊的贊助，以及410萬英鎊的收入。

　　媒體對於利物浦文化資產的報導題材變得多樣化，不再只是流行音樂與歷史建物，還有視覺與表演藝術，以及與創意產業有關的題材。利物浦在媒體眼中，從1990年代中期後，一直處在負面的社會議題與正面的城市形象之間，但這個現象在獲得歐洲文化首都提名後，已經被豐富的文化活動和經濟轉型所取代，全國與地方媒體封面關於利物浦文化計畫的報導增加兩倍以上，而且在2003年，有74%全國性媒體報導是正面的。在歐洲文化首都主題年，全國性媒體對利物浦城市的正面報導增加71%。

　　在線上社群媒體方面，Flickr上有5萬張照片，YouTube上有2,200則短片、250萬人次點閱，Facebook有500個新的團體專頁、13,000個會員，Google上利物浦文化首都的搜尋與足球的搜尋等量。

　　就人民的感受方面，從2005年到2008年，英國民眾對利物浦的正面感受提高，從53%增加到60%，負面感受則從20%降到

14%。截至2008年底，65%的英國人知道利物浦是歐洲文化首都。77%的遊客指出，利物浦比其所想的還要來得安全。99%的觀光客表示喜歡整體的氛圍，97%的人感受到城市的熱情招待。68%的英國企業認為，歐洲文化首都有利於利物浦的形象。

城市文化相關單位建立強烈的網絡關係，爭取到數百萬英鎊的補助。這些組織包括利物浦藝術活化聯盟（the Liverpool Arts Regeneration Consortium）、中小藝術聯盟（the Small and Medium Arts Collective）、藝術與文化網絡（Arts and Culture Network）。

整體而言，利物浦文化之都的成功是提升城市容貌、創造藝術與文化活動，以及讓觀光客與當地居民能夠享受這些活動。歐洲議會認為，這次計畫是民眾自發、社區參與，以及研究規劃的經典，也成為未來舉辦城市的參考範例。

（二）城市更新

利物浦願景公司於2000年提出「再生策略綱要」時，訂定未來十年預計達成的績效衡量指標包括：新建樓地板面積、樓地板面積翻新、創造就業機會、保全工作機會、投入建築人數、土地開發（公頃）、住宅單位開發、民間投資金額（百萬英鎊）。截至2008年3月31日止，各項指標的「官方」達成率以樓地板面積翻新和保全工作機會達成率百分之百，落後的指標是住宅單位開發。另外，在民間投資方面，促成1.7億英鎊的投資、245億平方公尺的新建樓地板面積、1,300個工作機會，以及開發1,700個

住宅單位。

那些年，他們共同的努力

　　每一座城市都有其發展歷史、經濟脈絡、特色建築、藝文展演空間、街頭風光等，但利物浦是以發展經濟為目的著手運用這些資產，強烈的再生欲望使利物浦走向今日。過去擁有的，會隨時代遞嬗而有所更迭，利物浦的碼頭建築曾是地方人士最引以為傲的資產，也在2003年被聯合國教科文組織選為世界文化遺產，但在利物浦衰敗期間，這些倉庫建築被視為是「蚊子館」，甚至有討論是否拆除的聲音。但經過都市再生計畫，以及申辦與承辦歐洲文化首都，都讓這些原本已擁有的背景元素受到轉變，變得更與城市居民融為一體及親近。

　　整體而言，歐洲文化首都是利物浦將其策略發展極致的契機，以藝術文化為核心，用活動包裝，搭配行銷、結合社區力量、良好的公共關係、健全與穩定的財務、精緻的旅遊規劃，以及與國際高度的連結，才得以讓利物浦成為歐洲文化首都至今最成功的典範。這個策略並未隨歐洲文化首都落幕而結束，而是持續發展中。

1　英國著名詩人，生於1937年，他為成人與兒童寫詩，也在BBC主持一個兒童詩歌節目，他同時也是一位歌手。

2　威廉布朗街（William Brown Street）周圍區域被稱為城市的文化區，因為此處擁有許多公共建築，包括威廉布朗圖書館（William Brown Library）、沃克藝術畫廊（Walker Art Gallery）、皮克頓閱覽室（Picton Reading Rooms）和利物浦世界博物館（World Museum Liverpool）等。

3　利物浦透過八百年文化復興城市的藍圖，目標在下，手段在上。資料來源：Liverpool Culture Company Strategic Business Plan 2005-2009。

4　志工計畫委由利物浦大學進行後續的成效調查，利物浦大學在2010年出版 *Volunteering for Culture: exploring the impact of being an 08 Volunteer* 報告中提及。

5　英國策略聯盟（English Partnerships, EP）設立於1993年，接收閒置土地補助金與英格蘭地產公司，成為英國地區專責的都市再開發機構，總目標是透過土地或建物的重新整理和更新，以確保需要復甦地區的再開發，其運用策略是盡可能在整體的再開發架構下，和地方及區域的合作夥伴（Partners）共同採取行動，以解決地方開發的難題。

6　來自英國國內的單一再開發預算（Single Regeneration Budget, SRB）、來自歐盟著重基礎建設與經濟發展的歐洲區域發展基金（European Regional Development Fund, ERDF）、英國西北部地區發展局（NWDA）、英國策略聯盟（EP），以及其他。利物浦願景公司的預算來源包括公私部門，公部門佔比較大，從2000到2010年十年的預算約8億英鎊，其中公部門4.3億英鎊，佔比54.7%，民間3.6億英鎊，佔比45.3%。

7　事實上，兩家公司都是在1999年成立。

8　Garcia, B., Melville, R. & Cox, T. (2009). Creating an Impact Liverpool's Experience as European Capital of Culture, http://www.liv.ac.uk/impacts08/Papers/Creating_an_Impact_-_web.pdf.

第四章
調合新舊文化黃金
比例之科克2005

在背包客旅遊書籍《孤獨星球》（*Lonely Planet*）的票選活動中，科克獲選2010年最值得造訪的十大城市[1]，在愛爾蘭中，可能是唯一上榜的城市。科克位於愛爾蘭西南部，在利河（River Lee）兩側，是愛爾蘭共和國的第二大城市，也是世界上最大的天然港口之一。2011年的人口約有12萬，土地面積37.3平方公里，約當台北市內湖區的大小。

　　若說到造訪愛爾蘭，在過去，科克往往不是遊子們的首選，在獲選為2005年歐洲文化首都後，被掩蓋的光芒開始耀眼起來。科克是一個保有原始和傳統的愛爾蘭城市，卻也有很多藝術店、畫廊、咖啡館、酒屋等。

滿載城市記憶的海港[2]

科克既有歷史的沉澱，又有活力四射和多樣化的一面，同時
這座城市還富有友好、輕鬆的魅力。　　——《孤獨星球》

　　美麗的科克不但擁有相當多的文化歷史古蹟，同時身為海港
城市的它，總是以活力親切的樣貌來迎接訪客；造訪這裡就好像
在一幅畫裡一樣。行走在科克的街道上，突然發現，用綠色來形
容愛爾蘭是不夠的，這裡不僅街道是彩色的，路標牌也是彩色
的，店鋪、酒吧、餐廳、教堂……絢麗裝扮下的科克像是童話故
事中的城堡一樣。

　　科克是一個充滿歷史的美食之都，走在街上就能完全瞭解它
可以成為愛爾蘭美食之都的原因。港邊的海鮮、市集、餐廳，無
時無刻都能讓人大飽口福。酒足飯飽後，再去西科克走一走，崎
嶇不平的海岸線和廣袤的金色沙灘，黃昏時分配上一杯Murphy's
黑啤酒，科克可能是愛爾蘭最適合生活的城市之一。

　　科克是歐洲著名的節慶之都，每年有近4,000多項的文化活
動，其中尤以民族音樂、爵士和管風琴等活動最為著名。每年的
4月到8月，科克會舉行大大小小的詩歌節、文學節和藝術節，如
5月的合唱節、6月的仲夏音樂節、9月的民間文化節、10月的國
際電影節和爵士樂節等。在這些節日裡，不但可以看到愛爾蘭乃
至世界其他地區的藝術家、文學家在這裡交流，每年也吸引成千
上萬名遊客競相到訪，欣賞世界級的藝術家帶來的一流表演，感

科克街景（圖片來源：http://www.flickr.com/photos/howzey/2063259902/）

科克街景（圖片來源：http://www.flickr.com/photos/libraryman/14438132/）

受愛爾蘭深厚的民間文化底蘊以及傳統的音樂風格。

　　這片位於歐洲西北端的狹小土地出產許多文學家和劇作家，除葉慈（William Butler Yeats）、蕭伯納（George Bernard Shaw）、貝克特（Samuel Beckett）、奚尼（Seamus Heaney）四位諾貝爾文學獎得主，還有王爾德（Oscar Wilde）和喬伊斯（James Joyce）等。藝術不單是愛爾蘭人生活的一個重要環節，也是他們生活的出口，以及引以自豪的重要冠冕。在愛爾蘭，創作一直都是一件稀鬆平常的事，當然創作的目的一開始只是為了要記錄生活和家庭，為讓自己高興，其次才是寫給家人和朋友閱讀。

葉慈（圖片來源：http://www.flickr.com/photos/nlireland/6435353487/）

奚尼（圖片來源：http://www.flickr.com/photos/bc-burnslibrary/4031653617/in/set-72157622508482103）

蕭伯納（圖片來源：http://www.flickr.com/
photos/library_of_congress /5332817135/）

貝克特（圖片來源：http://www.flickr.com/
photos/michaelrogers/2037 391791/）

　　座落在市中心的科克大學（University of Cork City），本身就是一座美麗的古蹟殿堂。科克大學位於市中心的歷史遺跡附近，校園內的古老建築旁邊被一幢幢展現科克大學新姿的現代化辦公大樓所填補；學校的圖書閱覽室內陳列著歷屆校長的畫像，兩排精緻小巧的水晶吊燈和高高的彩色玻璃窗似乎還原了這座大學的前身——維多利亞時期的皇后學院風格；在古老的石灰岩建築的走廊裡，陳列著被刻上歐甘文字（Ogham）的石碑，歐甘文字最早可追溯到5世紀，那些條狀經文似乎是古愛爾蘭人交換信息的密碼，神祕而不可捉摸。

　　現在的科克除了歷史之都之外，更是歐洲許多高科技產業的

科克歷史遺跡（圖片來源：http://commons.wikimedia.org/wiki/File:Ogham _Stone_ Kilmalkedar.JPG）

重要分布據點，如蘋果公司考慮到稅務的問題，將歐洲總部設在愛爾蘭科克市。蘋果公司歐洲總部自1980年開始運營，這裡是蘋果公司在美國之外的第一家總部，愛爾蘭就業部長Richard Burton表示：「世界上最成功的公司要在愛爾蘭擴大業務，並增加500個工作職

科克歷史遺跡（圖片來源：http://commons.wikimedia.org/wiki/File%3AKil makedar_ogham_ stone_and_stone_cross.JPG）

位是非常讓人興奮的，這是對愛爾蘭經濟的未來的保證！」由此可見愛爾蘭以及科克自己對於發展建設的決心。然而若以為愛爾蘭和科克為了要發展而捨棄過去的那些藝術文化，那可是太小看這個城市了。

打造 2005 年歐洲文化首都

一、活動權責分工

原本科克城市規劃、文化政策和歐洲文化首都籌備，都由科克市議會（Cork City Council, CCC）負責，為了讓歐洲文化首都活動運作更加順利，有更多的揮灑空間，不受政府法規太多限制，科克市議會在2002年成立「科克2005有限公司」（Cork 2005 Ltd，簡稱科克公司）。科克2005有限公司的董事會，由科克市長擔任董事長，董事會成員來自社會的各個層面，包含當地政府、議會、旅遊、藝術、教育和商業領域等代表。相關活動則委由一位執行長和三位節目企畫負責。

主辦活動的科克公司和市議會採雙軌並行，科克市議會負責與活動年有關的政策制定和交通、通訊技術及城市再生等硬體建設，科克公司負責文化節目安排、國際宣傳、以及整個活動年度預算控管等。值得注意的是，由於科克是歐盟在調整選拔規則後第一個獲選為歐洲文化首都，因此在整個2005年活動上，除行銷外，更加注意到社區關懷及落實當地等策略概念。

二、活動內容

科克公司自詡要將隱藏在科克各角落的創意介紹給科克居民和世人，於是以公開招標方式來吸納各種創意。這種作法相當特殊，一般策展公司是自訂主題後再外包部分節目，但科克公司完全採取對外招標，2,000件的投件量超出它的預期，光篩選案件就大大地拖累科克公司的有限人力。

Cork 2005活動的主題為「新科克」（Cork: City of Making），意圖以創造力向世人展現科克多元文化，共推出244項活動，橫跨（1）建築、設計、視覺藝術類（Architecture, design, visual arts）（58項）、（2）音樂類（Music）（42項）、（3）文學、出版及會議類（Literature, publications, conferences）（33項）、（4）社會服務研究及政策類（Residence, research and process）（30項）、（5）戲劇與舞蹈類（Theater, dance）（27項）、（6）節慶類（Festival）（26項）、（7）運動類（Sport）（16項）、 以及（8）電影、媒體和聲音類 （Film, media, sound）（12項）八大領域，這樣的安排與愛爾蘭現存文創產業組合有關。多年來，受惠於低稅措施，愛爾蘭已吸引許多美國電影、媒體和音樂產業進駐，因此科克公司希望透過歐洲文化首都活動，促進建築、設計和視覺藝術產業在當地著陸生根。

文化推廣是歐洲文化首都的重要宗旨，對科克也不例外，科克巧妙地將療癒音樂、健康和社區作結合。愛爾蘭衛生署透過「健康服務執行計畫」（Health Service Executive, HSE），將

療癒音樂帶進醫院、養老院與社區,透過音樂會和戲劇等,充實人們心靈,可以幫助青年人實踐音樂夢想,撫慰老人家心靈,讓小朋友瞭解科克文化,形塑健康人民、健全社區和完整環境,並累積科克文化資本。相較於其他歐洲文化城市或歐洲文化首都活動,科克將社會服務和健康醫療納入歐洲文化首都,的確是很特殊的作法。

三、見證創意成果

科克為歐洲文化首都投資了2,162萬歐元[3],2003年旅客為科克帶來了3.24億歐元經濟產值,在2005年達4.14億歐元,增加28%的幅度。在稅收方面,2005年比2003年增加7.5%。在遊客人數方面,2005年比2003年增加38%,2003年國內外旅客總數達300萬人,在2005已上升到420萬人,若單純看國內旅客,則成長7%。也因為歐洲文化首都活動,為文化產業創造出1,050個就業機會,以及2億歐元的周邊經濟效益。其中,光是節慶類活動就創造了102個就業機會,以及1,620萬歐元的周邊經濟效益。

媒體曝光是很好的推廣利器,在2005年3月至2006年2月這一年內,總共有3,353則報紙新聞報導歐洲文化首都活動,其中科克當地的日報和週報就佔了57%[4]。

對於科克市政府來說,Cork 2005是一項傑出的經濟成就,大大超出預期,但更重要的是,那些為Cork 2005修繕、完工的聖帕特里克街、奧利弗賓吉街、格呂克斯曼畫廊、科克博物館、

生命實驗室、黑石城堡天文學中心和新的音樂學校等硬體建設，
為科克發展奠定基礎。

城市認同與衝突[5]

科克獲選為2005年歐洲文化首都後，相關治理問題便逐漸
浮上檯面，包括如何由上而下的角度接納異己、如何有效地讓科
克人理解原生文化的底蘊、如何管理和協調治理關係人、如何處
理文化主導城市再生等[6]。

科克2005有限公司為充實歐洲文化首都活動的豐富性，對
外進行招標，卻限制投標規格，例如要求以創新方式吸引國際觀
眾，有些創意人相當反彈，認為這樣的規格是「框架」，也是
「創意束縛」，在這種限制下，歐洲文化活動是被刻意地創造出
來，而非實際反映他們的生活文化。

為了追求創意自由，反映在地文化，民間人士發起「Where's
me culture, WMC?」，制衡官方由上而下的活動規劃，這個名
稱發想自流行歌曲「Where's me jumper」。WMC? 促進人民反
思：科克獲得Cork 2005活動頭銜，究竟是要讓誰知道科克的國
際藝術盛會？又是誰看到科克為國際觀眾準備的文化節目？買單
的多數觀眾可能是本國居民，那為什麼他們必須去接受一個被創
造出來的文化呢？

也就是說，WMC? 的活動宗旨是要喚醒科克民間對科克
「原生文化」的重視。WMC? 也傳達出科克人對現代化的焦慮

（urban anxieties），他們想尋找真正屬於科克的文化底蘊（What is my culture and Where is my culture?）。顯然的，科克也落入「原生文化」與「創造傳統」間的失衡窘困。

原本，歐洲文化首都被賦予「彰顯歐洲多元文化，促進彼此的認識」的使命。事實上，有些國家或城市將歐洲文化首都作為提升城市國際知名度和城市形象，有些則利用這個機會以文化與經濟思維重新思考與定位城市建設。換句話說，原本歐盟可能較重視「原生文化的宣揚」，但是各國卻將文化作為「被創造的傳統」。有些城市將歐洲文化首都活動視為國際藝術發展的機會，未與當地居民生活連結。當所有規劃是由上而下執行，缺乏與當地居民的溝通，當然不容易獲得居民的支持；當居民擔心自己記憶中的城市將逐漸消失，對現代建設的緊張和焦慮感自然升高。

在科克，歐洲文化首都彷彿變成催化國內衝突的兇手，人們不斷地在文化歸屬（Cultural ownership）、社會包容或是經濟和藝術的二分性等議題上爭議。事實上，這些爭議在科克是其來有自。在歷史上，科克是一座擅於容納詩人、藝術家（尤其是音樂家）、水手、新教徒與猶太人的城市，科克更是愛爾蘭的叛逆之都，對於科克人來說，「嚮往自由」彷彿是他們的天性。在被殖民時期，科克人便多次反抗，在1920年時，英國軍隊曾因科克民眾拒絕服從殖民統治而殺害科克市長，並將市中心付之一炬，是這個城市無法磨滅的印記。至今，只要一有機會，科克人民絕對毫不猶豫地追求自由，甚至想獨立成為科克人民共和國（People's Republic of Cork）。

混血文化的城市

　　每個歐洲文化首都在推廣文化時，都必須要回應它自身的優勢和面臨的挑戰，以及當初被挑選的亮點。對科克來說，最痛苦的，莫過於這些文化認同的活動帶來的衝突與矛盾。儘管市議會全心全意，將Cork 2005反映出小城市的真實生活，並呼應歐盟主張的歐洲特色，顯然的，Cork 2005的官方預期與民間感受是不一致的。

　　在許多節慶活動後，人們經常問起：難道活動就這樣結束嗎？這些活動是否帶給居民或觀光客更多印象？這些活動究竟為城市積累出什麼軌跡或樣貌？具體來說，科克在發展這些文化創意活動時，以節慶或藝術活動作為賣點，然而這樣的活動結束後，除了觀眾的體驗外，是否以任何載體保留節慶或藝術活動的資產與智慧，是否幫助科克的永續發展？是許多科克人心中的謎。

　　這個問題對科克的確是很大的挑戰。首先，在2000年歐洲文化首都遴選機制修改，愛爾蘭被指定為2005年的舉辦國後，向歐盟建議四個城市：科克、戈爾韋（Galway）、利默里克（Limerick）和瓦特福（Waterford），歐盟經實地訪查後，2001年確定提名科克辦理歐洲文化首都2005年活動，雖然科克市民上上下下都相當興奮獲得這項殊榮，可惜的是，科克市議會和科克公司沒有足夠的時間準備。

　　科克公司遲至2002年才成立，負責文化活動安排、國際宣

傳與預算控管。主要以建築、設計、視覺藝術、音樂和文學類創意活動，向歐洲人展示科克文化。Cork 2005媒合科克在地與外地文化團體，更凝聚了科克市在地文化團體。同時，在地文化團體透過這次活動，累積文化活動舉辦能力，強化了文化續航力。可惜的是，科克公司以「被創造的傳統」宣揚科克文化，忽略文化歸屬權，引起本土意識強烈的科克人緊張、焦慮及反彈。

　　另外，科克市議會制定Cork 2005有關的政策和相關硬體建設，但科克市沒有將「歐洲文化首都」作為城市發展運動，透過這個活動促進城市認同與再生，為當地經濟注入新活力，實是可惜！

1　http://www.rte.ie/news/2009/1103/lonelyplanet.html，參考日期：2012/5/1。

2　http://www.corkpastandpresent.ie/cultureincork/，參考日期：2012/5/12。

3　依照Cork 2005官網記載，Cork 2005的收入來源有：愛爾蘭藝術體育觀光部補助785萬歐元、科克市議會補助575萬歐元、歐盟補助50萬歐元、企業贊助及門票收入287萬歐元，合計1,697萬歐元，另外物資捐贈（benefit-in-kind）有465萬歐元。

4　Quinn, B. & O'Halloran, E. (2006). Cork 2005: An analysis of emerging cultural legacies. Documentation Centre on European Capitals of Culture, EU. http://ecoc-doc-athens.eu/research/reports/998-cork-2005-an-analysis-of-emerging-cultural-legacies.html. 參考日期：2012/5/6。

5　O'Callaghan, C. (2012). Urban anxieties and creative tensions in the ECoC 2005. *International Journal of Cultural Policy*, Vol. 18, No. 2, 185-204.

6　同註4。

第五章
德國與奧地利的
文化硬底子

歐盟約有1億人以德語為母語,是歐洲母語人口最多的族群;同時,德語也是德國、奧地利、瑞士聯邦、及列支登斯登侯國等四個國家的官方語言,德語文化圈大致以此為範圍。其中,德國與奧地利無論在德語人口數量、佔國家人口比例、及產業在歐盟的重要性等方面,都有較顯著的地位;就經濟而言,德奧兩國都有相當強的重工業基礎,德國更是歐盟的經濟核心。然而,德國與奧地利在21世紀初,皆面臨了產業必須轉型的壓力,特別是由於數位化與全球競爭而導致傳統工業沒落[1]。在知識經濟時代,德奧兩國不約而同地將「文化創意」提升到了「產業」的高度,重新思考工業革命以降所累積的文化底蘊,該如何具體轉化為產業引擎,成為新世紀國家競爭力的要角。

新世代產業：文化 × 創意

一、文化創意產業發展沿革

　　文創產業的德文是Kultur-und Kreativwirtschaft（簡稱 Kulturwirtschaft），這個複合字是由德文的「文化」、「創意」和「產業」組合而成，成為繼農業、工業、服務業之後，在知識社會時代中的新興主流驅動產業，也被視為都會區域在全球競爭中的關鍵因素。

　　儘管德奧兩國可能因其累積的文化底蘊不同，而有略為相異的文創產業發展策略；然而，若要將文化底蘊具體轉化為產業產能，文創產業必然需要在政治、經濟、文化、教育等各級層面上有著全面性的配合與發展。兩國發展背景與條件的相異，也反映在經濟目標、政府運作、法規制定、學術支援與合作上。

二、文化創意產業範疇

　　在政策上，德國將文化創意產業定位為下世代的主流產業，軟硬體建設必須合作配套，因此在產業的範疇上也較為全面，並區分為文化產業與創意產業兩大類，其下共細分為十一小類。相對於德國，奧地利以軟性的創意產業政策為主，產業範疇分為十六類。德奧文創產業範疇分述如下。

（一）德國：涵蓋所有可能發展的層面

　　為鞏固文化政策之基磐，使其與國家產業密切結合，成為發

展重心，德國文化創意產業相關業務在2003年納入「經濟科技部」（Bundesministerium für Wirtschaft und Technologie, BMWi）管轄範圍。概念上，文化與創意產業不分開，產業別則自2003年起有明確的定義，2008年進行調整。德國文化創意產業的定義為：「文化創意產業係指涵蓋文化與創意相關業務之企業。該企業以營利為目的，從事文化創意財貨與服務之構思、製造、行銷及廣告傳播」[2]。

　　由於已經納入經濟發展與產業規劃，為了達到統計資料之一致，故相關產業無論其行政管轄，皆必須依據歐盟產業標準分類（EU-NACE），分為二大類十一小類[3]：第一大類為文化產業（Kulturwirtschaft），包含書籍、出版業、藝術、音樂、電影、廣播、視覺傳達、設計、建築等九項產業；第二類為創意產業（Kreativbranchen），包含廣告服務（不含廣告設計）、軟體／遊戲開發產業。由此得知，德國文創產業類別幾乎已涵蓋現行所有可能發展的層面，以因應軟硬體全面發展的文創策略。

（二）奧地利：涵蓋以營利為目的之企業

　　奧地利之文創產業依EU-NACE分為以下十六類[4]：（1）博物館暨展覽（Museen und Ausstellungen）；（2）建築文化遺產（Baukulturelles Erbe），主要項目為古蹟維護；（3）民俗文化（Volkskultur, Heimat-und Brauchtumspflege），包含民俗歌謠、舞蹈；（4）典藏（Archive），包含檔案、圖像、聲音等原文物收藏；（5）圖書館 （Bibliotheken）；（6）戲劇音樂

（Theater und Musik）；（7）節慶慶典（Festspiele und Festivals）；（8）電影（Kinos und Filme）；（9）廣播電視（Hörfunk und Fernsehen）；（10）視覺藝術（Visuelle Kunst）；（11）書籍印刷（Bücher und Presse）；（12）職業訓練與進修教育（Ausbildung und Weiterbildung）；（13）成人教育（Erwachsenenbildung）；（14）文化財政（Kultur-finanzierung）；（15）文化類活動（Beschäftigung im kulturellen Sektor）；（16）歐盟國相關之文化活動（Beteiligung an kulturellen Aktivitäten in den EU-Staaten）。

　　上述分類涵蓋以營利為目的之企業，且該企業主要業務為創造、生產、分配「創意及文化之商品與服務」，在某種程度上也包含了文化教育與研究。如建築、設計、音樂、書籍與藝術活動、廣播電視、軟體與遊戲設計、出版、影視、廣告、圖書館、博物館、以及植物園與動物園皆屬之。

三、誰搞的文化創意

　　德奧兩國之文化創意產業架構可略分為政府機關、中介機構、民營企業等三個層次，其中屬於政策執行面的有中央（聯邦級）行政部門、地方（邦或縣級）政府、中介機構等三方。

　　德國政府組織架構可簡單分為聯邦（Bund）、邦（Land）[5]、縣（Kreis）[6] 三級，基於德國政治傳統，運作方式偏向於地方分權內閣制，聯邦與邦級採三權分立，縣級政府沒有立法權與司法權。邦級政府各按其發展沿革及傳統，依聯邦邦、自由邦、自

治市粗分為議會共和制（邦）與議會民主制（市）兩種[7]。縣級
政府為議會民主制。

　　與德國類似，奧地利中央政府組織架構也可以簡單分為聯邦
（Bund）、邦（Land）[8]、縣（Bezirk）[9] 三級。由於政治傳統
的緣故，奧地利中央政府運作方式偏向於中央集權內閣制，聯邦
與邦級採三權分立，縣級政府沒有立法權與司法權。邦級政府各
按其發展沿革及傳統，依聯邦邦與自治市粗分為議會共和制（邦）
與議會民主制（市）兩種。縣級政府為議會民主制。

　　德奧兩國政府組織與政治傳統皆不盡相同，而文創產業發展
重點與策略亦有相異，故政策執行機制有其不同之處。

（一）聯邦級文化創意行政部門

　　智慧財產權相關條例、工業規範、社會保險制度，在德奧兩
國係由與文創產業相關之聯邦法規規範（詳述於後）；然而傳統
上，其產業行為與政策執行卻無聯邦級統籌執行之條件，文化創
意產業亦如此。德國慣用採行的方式為聯邦以政黨協商方式研擬
政策走向、輔導補助類別。聯邦政策擬訂後，由各邦、縣市級政
府依實際發展供給或需求實施，主管機關無明確規範。例如，
2007年起，在德國具有影響力的主要政黨，如基民黨 （CDU/
CSU）、社民黨（SPD）、自民黨（FDP）、綠黨（Bündnis
90/ Die Grünen），以「將文化產業設定為帶動產業發展的動
力」（Kulturwirtschaft als Motor für Wachstum und Beschäfti-
gung）為目標，開始總體協商。總體協商完成後，由各邦或都

聯邦

聯邦邦與自由邦

縣與邦轄市

自治市

圖7　德國政府組織關係圖

資料來源：參照 Administrative Gliederung Deutschlands（參閱日期：2013/8/12），本研究整理、繪製。

聯邦

邦

縣與邦轄市

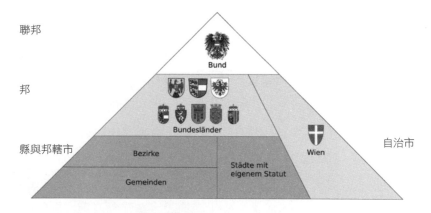

自治市

圖8　奧地利政府組織關係圖

資料來源：參照 Verwaltungsgliederung Österreichs（參閱日期：2013/8/12），本研究整理、繪製。

會區域計畫辦公室[10] 進行下一階段討論，分別從總體協商的結論中擷取所需部分，納入各邦或都會區域發展策略。

　　德國聯邦級主管機關為聯邦經濟科技部，其文化產業業務為協調發展方向與資源分配，以供地方分權各級政府依其供給或需求實施。除相關政黨協商外，2005年成立德國文化諮詢委員會（Enquete-Kommission"Kultur in Deutschland"），將文化產業之總附加價值（GVA）[11] 獨立統計估算，正式納入聯邦級統計資料。而自2007年起，在聯邦經濟科技部下設「文化暨創意產業推廣部門」（Initiative"Kultur-und Kreativwirtschaft"），正式將文化產業相關業務視為獨立產業，成立下轄機關專責運作。

　　奧地利聯邦級主管機關依創意產業實質內容，由「交通、創新與科技部」（Bundesministerium für Verkehr, Innovation und Technologie, BMVIT）以及「經濟、家庭與青年部」（Bundesministerium für Wirtschaft, Familie und Jugend, BMWFJ）分轄。經濟、家庭與青年部下設「奧地利創意產業推廣部門」（Kreativwirtschaft in Österreich, evolve），專責與創意產業相關之創新事業補助，依法對奧地利大中小企業進行推廣補助、進修、諮詢、媒合等事宜。在奧地利，中央級中介組織即為聯邦級行政部門之代理人。

（二）地方政府

■邦級政府

　　自1990年代起，德國邦級地方政府率先[12] 針對文化創意產業

之前瞻發展進行改革。例如，北萊茵－西伐利亞邦（Nordrhein-Westfalen）首先將文創產業納入「經濟政治」領域，同時在各部會成立相關機構。隨後Sachsen-Anhalt (2001)、Hessen (2003)、Schleswig-Holstein (2004)、柏林（2005）、Thüringen (2009) 也陸續跟進。然而，因德國發展沿革本身即具有強烈的地方分權傳統，各邦自治權限相異，邦級政府行政組織運作方式也因此有很大的不同。例如布蘭登堡邦（前身為普魯士王國，現為聯邦邦），自1997年起試行一系列跨地區合作模型，串聯地區文化政策，名為「文化發展計畫」[13]。由於德國大多數聯邦邦前身即為普魯士行省，故該作法遂成為大部分聯邦邦隨後仿效的範本。另一方面，與一般聯邦邦迥異，具有高度自治權的薩克森邦（自由邦）通過關於文化保護的法規：《薩克森文化空間法》（Sächsisches Kulturraumgesetz）[14]，該法不僅如同「文化發展計畫」一樣，內含邦級文創施政模型，更明訂邦級政府與縣市政府必須定期交流，成為邦政府與其下縣市政府或鄉鎮公所之間政策執行方式的憑據，儘管薩克森至今仍未產生明確的文化發展概念。

德國在各邦實際合作形式與資源來源方面亦有很大的不同。布蘭登堡邦採用邦政府與地方政府「專案計畫」的方式，針對部分重點領域進行協助工作，以減少「疊床架屋」造成的浪費。邦政府方面列出跨區域執行的計畫重點，而後在與鄉鎮政府取得一致共識下，始得執行文化政策；鄉鎮政府方面則是以橫向聯合行動的方式，與其他鄉鎮共同合作推動文化事務。因此，布蘭登堡

邦與其他以「文化發展計畫」為範本之邦政府，文化施政具有縱
向的一貫性與橫向的合作性，頗具成效。薩克森邦則另組「文化
委員會」為具體實施文化空間法的機構，該委員會由各地區所推
薦的代表組成，討論與從事文化相關工作。同時，在1993年，
薩克森邦另成立文化議會，重點性導引各鄉鎮的文化事務。從
2001年開始，文化議會亦持續推出薩克森邦之「藝術與文化條
件報告」，持續提出該地文化發展的問題與相應政策，以供薩克
森邦議會、邦政府等單位作為施政參考。

　　與具有強烈地方分權傳統的德國相比，奧地利現行制度偏向
中央集權制，因此，邦級地方政府改革在創意產業中所扮演的角
色甚微。

■文化創意與都市計畫

　　無論在德國或奧地利，文化創意產業皆須有效結合都市計畫
（Stadtplanung）、縣市綜合發展計畫（Kreisplanung）、區域
計畫（Regionalplanung）或21世紀興起之都會區域計畫（Plan-
ungsverband Metropolregion），以期能將文化產業全面深入各
規劃層面，具體實踐。

　　以產業與規劃相互結合的觀點論之，德國文化創意產業成為
十一個「都會區域」中發展的策略核心。例如，在紐倫堡都會區
域計畫中，即明定將文化產業定義為紐倫堡都會區域之產業發展
的主要目標之一。一方面強化紐倫堡及其周邊既有的藝術文化底
蘊，如繪畫、音樂等；另一方面廣為鋪設展演相關硬體建設，企

圖將紐倫堡都會區域定位成文化展演的場所。上述發展構想至少
落實到細部計畫。結合都會區域計畫的發展模式，遂成為德國文
創產業在地方層級上具體實踐的方式。德國藉由新興的「都會區
域計畫」的概念，將文化創意產業整合成介於邦級與縣級空間尺
度的實踐目標。

　　在奧地利，由於尚無都會區域規劃層級，文化創意產業的地
方發展上仍以成形已久的城市生活圈為單位，各區域（邦）由都
會（核心城市）領導。文創產業與規劃的結合以都市（縣級）為
單位，邦級地方政府的角色不明顯，邦所代表的區域即為都市的
延伸。由於在傳統上，奧地利的城市多有歷史悠久的大學，故適
度結合城市與大學自身的特色的「文創大學城」發展模式，遂成
為奧地利文創產業在地方層級上發展的起始點。

（三）中介組織

　　在德國與奧地利，各級政府組織僅負責文創策略研擬；在政
策執行面幾乎均由中介組織包辦，以維持運作效能與彈性。

　　德國的中介組織在規模上，依文化產業型態、活動類型及期
程各有不同，在功能上主要分為諮詢輔導與財務規劃兩類。提供
諮詢輔導的組織有文化政治與文化經濟辦公室（Büro für Kultur-
politik und Kulturwirtschaft）；針對財務規劃也有專責銀行與
貸款項目，如柏林投資銀行（Investitionsbank Berlin über deren
Venture Capital-Tochterunternehmen IBB-Beteiligungsgesell-
schaft Risikokapital），就提供位於柏林的中小企業進行文化產

業融資。特別的是，上述中介組織官股幾乎皆佔100%，主管機關通常為地方政府，服務範圍也有明確的地域限制。

　　奧地利的中介組織型態與德國類似，多為一人公司或是微公司，但統一接受聯邦經濟、家庭與青年部於2008年所下設之奧地利創意產業推廣部門（evolve）管理。此機構是由聯邦政府、奧地利經濟發展銀行（Austria Wirtschaftsservice Gesellschaft, AWS）和奧地利聯邦經濟商會（Wirtschaftskammer Österreich, WKÖ）下的奧地利創意產業（Creativ Wirtschaft Austria, CWA）合力運行，因此，evolve對於奧地利中介組織的構成具有決定性的影響，該組織以有限公司型態之100%官股組成，主要業務為提供教育與訓練諮詢顧問等服務。

圖9　奧地利創意產業推廣部門（evolve）組織關係圖

資料來源：Compendium cultural policies and trends in EUROPE-Countrey Profile Austria (2011) . http://www.culturalpolicies.net（參閱日期：2012/6/10）。

四、重要政策、法規與行動方案

（一）文化創意產業政策目標

在概念上，德奧兩國的文創產業皆依循著經濟學與會計學的概念，將傳統產業的商品與服務置換成文創商品與文創服務。若用經濟學與會計學的概念來比擬，文創產業由「製造」藝術文化「商品」的相關企業與結合技術、創新、創意的藝術構想構成，兩者缺一不可。在實務的層面上，文創產業與傳統產業一樣，包含文創「商品與服務」的生產、製造、配送、以及媒體的廣告。

若從福拉斯蒂埃（Jean Fourastié）的「都市產業驅動論」來看，重工業與金融服務業曾分別對應於工業社會時代與商業社會時代而為其主流產業，驅動當時的都市發展。從產業與都市發展的觀點，德國與奧地利在時空環境推進至知識社會時代後，皆將文創產業定義為主流產業，視為國家經濟與都市發展不可或缺的驅動力。然而，由於德奧兩國空間規劃體系的不同，亦影響其文創政策與都市規劃之配合，德奧對於文創產業目標之異同比較如表6，分別說明如下。

德國與奧地利在文創產業與空間規劃發展策略採取的途徑並不相同。德國在21世紀初，配合歐盟空間規劃體系推動的都會區域計畫，制定、公告了「都會區域計畫法」，直接在空間規劃體系上進行了調整，將都市與區域整合為一[15]。從都市發展的觀點，文化創意產業成為德國都會區域發展策略的核心之一，期待依照福拉斯蒂埃的都市產業驅動論，驅動以都會區域為單位的發展，參與都會區域之全球競爭。奧地利的國家歷史、地形限制與

表6　德奧文創產業目標異同比較

異同比較	項目	說明
相同	總體概念發展相同	・為歐盟總體文化策略下的次概念。
	初始與後續發展目標相同	・主要目標皆為跟隨著歐盟文創政策，以因應全球化、數位化之經濟產業轉型為初始目標。 ・次要目標將文創設定為帶動產業成長的火車頭（Kulturwirtschaft als Motor für Wachstum und Beschäftigung），隨後產業向文化扎根。 ・經濟發展與歷史文化從1970年代以降互相對立之角色，轉型為互補互存。
	主管機關相同，皆屬於聯邦內閣之經濟業務範疇	・德國聯邦級主管機關為經濟科技部（BMWi）。 ・奧地利聯邦級主管機關依產業實質內容，分由交通、創新與科技部（BMVIT）以及經濟、家庭與青年部（BMWFJ）等機關管轄。
相異	正式名稱不同	・德國：文化暨創意產業（Kultur-und Kreativwirt-schaft），奧地利：未有定案名稱，多稱創意產業（Kreativwirtschaft 或 Creativwirtschaft）。
	產業別分類不同	・德國依軟硬體建設分為兩大類十一小類。 ・奧地利直接分為十六類，以軟體建設為主。
	發展重點項目不同	・德國：軟硬體並重。 ・奧地利：偏向軟體發展。

資料來源：BMWi, BMVIT, BMWFJ；本研究整理。

都市發展的時空背景皆與德國不同，無論是政治習慣或都市區域生活圈等，多在數百、甚或千年前業已成形。因此，奧地利並未參與歐洲各國自21世紀起所積極思考推動的都會區域計畫，奧地利的文化創意產業依然偏重與傳統都市發展結合，並未有區域層級的尺度概念。也由於奧地利未有都會區域尺度的空間規劃，因而德奧兩國在產業與空間發展結合上就有很大的差異。德國的文創產業結合了區域與都市發展，策略目標上必須以都會區域為整體考量，執行上遂偏向軟硬體並重的全面式發展；奧地利的文創產業僅與都市發展結合，策略目標以在地特色為要，執行上遂以

軟體建設為重心。該差異也可由聯邦層級的政策面看出端倪[16]。

（二）就是想要你管我——德奧對於文創產業之規範

德國政府架構為聯邦、邦、縣三級制，且聯邦級與邦級採三權分立，縣級無立法與司法權；然而基於德國國家沿革與政治傳統，其運作方式仍偏向於地方分權內閣制[17]。因此，從法規面來看，德國的文化產業與其他傳統產業的規則並無不同，無針對文創產業量身訂做之聯邦級特別法規，仍依各產業別業務相關法令而行。例如，與版權保護相關之「版權暨使用權法」（Gesetz über Urheberrecht und verwandte Schutzrechte, UrhG）、「出版法」（Verlagsgesetz, VerlG），將著作權分人格權和著作財產權，兩者皆不可轉讓，惟使用權可轉讓[18]，其規範各產業皆適用，並不局限於文創產業；與建築相關之「建築師暨土木技師執業規範」（Honorarordnung für Architekten und Ingenieure, HOAI），亦不限定於文創相關之建築開發。同時，相關工業標準仍由行之有年的德國工業標準局DIN（Deutsches Institut für Normung, DIN）規範之。

反觀奧地利，由於其政府組織沿革與政治傳統較偏向中央集權內閣制[19]，因此，聯邦（中央級）針對創意產業發展，尤其是相關補助之規定有另定法條。例如，2006年修正之「研究與技術補助法」（FTFG）[20]第15條第1款，明定創意產業補助與輔導相關業務，依產業實質內容，分由交通、創新與科技部及經濟、家庭與青年部等機關管轄。主管機關業務管轄範疇較德國明確，

但也較無彈性。

德奧兩國對於文創法規與立法條件的差異,主要來自於兩國政治發展沿革不同;但兩國相關工業標準依然按照工業化以降之DIN規範行之。

(三)好險有保障——文創產業之社會保險規範

德奧兩國皆經歷了長期的社會改革,社會保險與社會救助成為國家制度重要的一部分。因此,儘管文化創意產業之從業人員多為自由業,其從業人員之社會保險與社會救助相關事項仍由聯邦政府(中央級)統籌規範之[21]。

以德國為例,自由業者(如建築師、印刷業者、手工藝者……)必須在其戶籍或公司所在地之邦公會(Kammer)登記始得開業,同時依規定按月向該公會保險部門(Versorgungswerk)繳納保險與退休金;若遇特殊狀況,如生產、育嬰、失業等無收入時期,保險與退休金得以減免,該施行細則由各邦行業公會依規定調整,繳納金額每年調整一次。以薩克森邦建築師公會2012年為例,社會保險與退休金全額繳納每月862歐元;減免分為月繳216歐元(部分減免)或全免兩種等級,減免資格依個案狀況判定,例如,執業五年內原則上給予部分減免,無業原則上給予全免。較為特殊的是,藝術與出版受雇從業人員的退休、健保與照護保險並不受勞工法一般規範,雇主僅需要負擔一半的保費即可,另外一半費用則由藝術家社會帳戶(Künstlersozialkasse)負擔[22]。

　　與德國一樣同屬於重視社會保險與社會救助的奧地利，自1956年起即公告實施「一般社會保險法」（Allgemeines Sozial-versicherungsgesetz）[23]，僅將歐洲傳統的藝術工作者如音樂家與視覺藝術家納入此法範疇，其他新興領域的藝術家並未強制保險。早期，為解決此窘境，有部分基金會提供藝術家非義務性質的社會救助（Künstlerhilfe）[24]。1997年起，為將其他領域藝術家納入規範，特將藝術家依專業領域與雇傭關係區分為受雇服務（Dienstvertrag）、自營服務（freier Dienstvertrag）與自營手工藝（Werkvertrag）三類[25]；其中自營服務業與自營手工藝者納入「自營商社會保險法」（Gewerbliches Sozialversicherungs-gesetz, GSVG）或「自由業者社會保險法」（Freiberuflich Selbständigen-Sozialversicherungsgesetz, FSVG）範疇。自此，各領域之藝術家在奧地利始有加入強制社會保險的義務。

　　與德國「各邦公會自治制」不同，奧地利的社會保險施行細則仍歸聯邦統籌。2000年之前，在奧地利的藝術家每個人每年必須繳納6,453歐元的社會保險。2001年實施新制，依據「自營商社會保險法」成立藝術家社會保險基金（Künstler-Sozial-versicherungsfonds, KSVF）；同時明訂年收入未滿額度之自營服務類與自營手工藝類藝術家不需繳納社會保險，亦可向該基金申請社會救助。年收入額度與社會救助款項金額每年調整一次。例如2001年，年收入介於3,554.57歐元與19,621.67歐元之自營類藝術家，可以申請社會救助；2012年，收入限制調整為介於4,515.12歐元與22,575.60歐元之間。此外，補助金額尚須與家

庭狀況和扶養人數合併計算[26]。不過，由於該新制從本質上排除了低收入藝術家，因此仍飽受奧地利藝術團體批評[27]。

啟動人才養成模式

藝術教育被視為文創產業的重要基石，歐洲對於藝術文化的教育訓練及人才培育深具傳統。1563年佛羅倫斯的設計與藝術學院（Accademia delle Arti del Disegno）成立，為歐洲現存最早的藝術學院。德語區第一所藝術學院為紐倫堡美術學院（Akademie der Bildenden Künste Nürnberg），1662年創立於紐倫堡；隨後在柏林（1696）、維也納（1725）等德奧大都會亦相繼設立藝術學院，提供傳統美術，如繪畫、雕塑等課程的學習。

19、20世紀之交，隨著新藝術運動、德國青年風格、維也納分離派運動興起，以及隨後的德意志工藝聯盟（Deutscher Werkbund）創立，藝術與文化正式進入工業時代，與產業結合。隨著該風潮，傳統工業大學（Technische Universität）建築學院亦開始增設藝術類課程；包浩斯學校的創設，更奠立了文化藝術教育與工業結合的里程碑，該課程設計與產學結合的特色（例如家具設計作品直接在工廠生產）仍然影響著今日的文創教育。工業化之後，德奧兩國在文創教育方面，與產業界一直有密切的結合。

除了上述歷史悠久之傳統藝術學院（Kunstakademie），以及強調文化藝術與產業結合的工業大學建築學院以外，德國尚有

大學配合21世紀文創政策，依據產業輔導補助相關規範而新設立文化創意相關學程，包括：黑森邦（Hessen）的巴德洪堡管理技術學院（Accadis Hochschule Bad Homburg）、北萊茵－西伐利亞邦的杜伊斯堡－埃森大學（Universität Duisburg-Essen）、巴登－符騰堡邦（Baden-Württemberg）的曼海姆大學（Universität Mannheim）以及巴登－符騰堡流行音樂學院（Popakademie Baden-Württemberg）、巴伐利亞邦的帕紹大學（Universität Passau）、漢堡市邦的漢堡音樂戲劇學院（Hochschule für Musik und Theater Hamburg）等，皆設有音樂、藝術等專業領域的管理相關學程。

奧地利亦於2004年新設私立創意產業大學（Privatuniversität der Kreativwirtschaft），又稱新設計大學（New Design University, NDU）。該大學提供了設計、視覺與媒體傳達、室內設計等專業領域的相關學程與在職進修。

值得注意的是，上述新設大學及其相關學程皆非傳統系所，所授予的學位亦非歐洲傳統學位，而是美國學制之學士與碩士學位[28]，或有企圖與國際接軌。

文化創意軟實力

經過近十年來的政策調整，文化創意產業在德奧兩國皆已佔有一席之地，成為國家產業發展的基礎。其政策成果如下。

一、文化財增強競爭力

文化創意深入產業核心，對文化底蘊造成的影響甚鉅。除了文創產值被實際統計估算之外，所謂的「文化財」也受到重視。

文化創意在以往僅被視為較無附加價值的活動，或附屬於觀光產業或教育部門；如今，在德奧兩國，文化財以文化創意為評估指標，企圖透過產業政策，累積文化創意資產。例如，德國文化產業之核心進一步被德國文化諮詢委員會表述為「創意活動」，亦即「具有藝術的、文學的、文化的、音樂的、建築的或具創造力的內容、作品、成品、產品或服務。該創意行為無論發行方式（孤佚本、現行本、系列套集、數位產品或服務）與數量皆在此列，且應受相對應之保護（專利權、著作權、商標權、設計權）」[29]。該政策的調整與轉變，能有效防止文化財的流失，進一步增厚其文化底蘊。

為使文化政策納入產業面具體執行，同時也鞏固文化基磐，文化創意必先納入經濟相關部門的統計分類，正式視為國家產業鏈的一環。德奧兩國依其發展方向與策略重點，文創產業分類方式略有不同。

（一）德國：軟硬體等重

如前面所述，文創產業在德國分為書籍、出版業、藝術、音樂、電影、廣播、視覺傳達、設計、建築、廣告服務、軟體／遊戲開發等十一類。該分類方式已直接定義在產業別的統計上，成為國家分類標準；從出版到建築，軟體到硬體，幾乎涵蓋了部分

製造業與大部分的工商服務業的發展層面，以因應軟硬體全面發展的文創策略。

（二）奧地利：著重軟體

　　與德國相比，奧地利文創產業分為博物館暨展覽、建築文化遺產、民俗文化、典藏、圖書館、戲劇音樂、節慶慶典、電影、廣播電視、視覺藝術、書籍印刷、職業訓練與進修教育、成人教育、文化財政、文化類活動、歐盟國相關之文化活動等十六類。儘管奧地利的分項較德國為多，然而奧地利的文創產業政策皆以營利事業為主、中介組織為輔的方式執行；產業別的分類上也以創造、生產、分配「創意及文化之商品與服務」為標的，著重軟體建設與管理，並未如德國涵蓋了二、三級產業及其相關的硬體層面。

二、文化財提升經濟力

　　根據德國經濟科技部按照前述分類統計，文化產業在德國已屬於主要產業之一，並且實質反映在統計數據上。例如，引領全球的德國汽車工業2006年之GVA為640億歐元，文化產業不遑多讓，其GVA達到580億歐元，且持續成長。2008年文化產業之GVA成長至630億歐元，涵蓋了約238,000間中小企業[30]。

　　奧地利之創意產業係基於日益增長之全球化腳步，使得技術發展趨向服務與創新導向。其他產業別在過去數年之中幾無發展，甚至完全被創意產業取代。以統計數字來說，奧地利創意產

業之發展，在歐盟境內僅次於瑞典、英國、荷蘭、丹麥。在奧地利，每十間民間企業之中，就有一間屬於創意產業相關企業（約36,100間，12,7000員工，4%，2008年資料）。五年內創意產業企業數量成長10%，產值增加25%，直達185億歐元[31]。

　　無論是德國或是奧地利，文化創意產業已於21世紀的第一個十年成功成為國家產業產能的要角，且在趨勢上持續成長。

建構成功方程式

　　步入21世紀後，全球城市皆面臨數位革命與區位競爭的課題。為了回應這樣的挑戰，各國的產業結構勢必調整。擁有深厚文化底蘊的歐洲國家紛紛以文化創意為產業調整策略。與傳統產業相比，文創產業除了無煙囪、低污染、高產值以外，尚有將自身的（常民生活）文化自然轉化為能獲利的產業，具有永續且低替代性之優點。藉由檢視德奧兩國的相關發展，我們期望能得到一些有用的啟示，在此觀點下，撰寫本文之際，筆者想到許多問題，例如：德奧兩國能依靠什麼來發展文化創意經濟？其具有發展潛力的項目為何？阻礙因素有哪些？在文創產業的市場競爭中，已有的元素與基礎建設有哪些？該元素如何應用？有哪些資助計畫，可以強化企業、產業／專業團體以及相關機構的措施，以進一步讓它們更具國際性的競爭力？

　　針對上述問題，我們雖無法收集到全面的相關資料與答案，但大致獲得以下看法：

　　歸納德奧兩國發展文化創意產業的過程，其相似之處在於兩國皆充分利用長期發展所孕育的軟性文創潛力（文化認知、意識）；同時將已經失去競爭力的舊工業設施再利用，轉化為當地文創元素，開發而成為硬底子的文創潛力。軟硬交互作用下，原本欲拆之而後快的垃圾被創造成全新的文化資產，賦予新的意義。再者，原有的地方元素不致被全盤清除，地方的場所記憶得以延續，該地方記憶或可再成為當地專屬的文創資產。由此創造的良性循環，具有永續的特性。

　　另一方面，上述作法在某種程度上，亦與業界結合，同時考量了該都市或都會區域在規劃上的供給與需求，從經濟面上著手，以融入城市發展策略。例如萊比錫將舊紡織工業區改建成具有文化創意特色的住宅，以滿足萊比錫日益緊迫的住宅需求；又如維也納將棄置工業區改建成文化創意園區，在接近市中心的區位，提供獨立自營的文化創意工作者辦公空間，試圖將文創服務業引入市中心區，策略性地營造維也納的文創氛圍。文創產業與都市發展經濟策略結合，可降低公部門支出成本，亦較有長效。

　　儘管德奧兩國之文化創意產業相關規範，尤其是產業輔導、補助辦法，皆源自歐盟2006年經濟技術研發備忘錄[32]；然而，兩國作法因文創產業政策的執行體制、產業重點、空間規劃體系等三點的差異而略有不同。其相異之處，可由城市層級的比較，亦即近期兩次德語區之歐洲文化首都──魯爾與林茲──加以延續與論證。

1. 文創政策執行體制不同

　　傳統上德國偏向地方分權、奧地利偏向中央集權；該點不僅僅表現在文創法規的制訂與社會保險制度的施行，更表現在執行文創產業的「中介組織」差異上。德國各地因其風土、文化的差異，地方分權恰使得各地政府在文創產業的相關組織與制度研擬皆能因地制宜；21世紀初，德國更導入都會區域計畫的概念，文化產業遂以指導策略的方式，整合成以各都會區域為單位的專案執行模式。奧地利在傳統上接近中央集權，各地差異也比較小，因此，與德國相比，奧地利的文創組織能夠做到聯邦、地方、中介機構三方的緊密結合；發展策略也以結合城市與大學的文創大學城模式展開。以「歐洲文化首都」為例，德國中介組織分布在聯邦、邦、縣等各級，魯爾2010主要由邦級（整合縣市級）中介組織執行；奧地利中介組織皆透過聯邦級的evolve整合，林茲2009亦由此機構組織執行。

2. 產業重點不同

　　德奧兩國對於文創產業的詮釋不同。德國身為工業國家，當傳統工業產能不再，將文創發展為新一代的主流產業成為策略上的必然；因此在德國，文創業的發展顯得較為全面，軟硬體建設皆有密集的投入。反觀奧地利，雖然也有傳統工業沒落的問題，然而傳統工業原本在奧地利所佔的比重就較少，觀光業反而佔有一定比重，傳統鋼鐵業轉型為電子業亦已有一定成效；因此文創業在奧地利被當作是在電子業的基礎下，適度結合觀光服務業等

軟性產業的擴大與延伸；表現上也顯得偏向軟體建設。此特點在國家級的表現即為文創產業的分類方式；而在城市角度，則可從魯爾2010與林茲2009「活動項目主題」的差異略見端倪；亦即魯爾區著重在區域傳統工業轉型、再生為文化產業，林茲偏重於電子藝術興起後的聽覺經驗，詳見第六、七章。

3. 空間規劃體系不同

21世紀以降，歐盟各國的空間規劃體系，在原有的國土計畫、區域計畫、都市計畫之外，更推動了名為「都會區域計畫」的規劃層級。其目的在整合都會區與區域的資源和優勢，將以往相互對立競爭的「都會」與「區域」整合為一，以因應日益迫近的全球區位競爭。因此，德國新一代的大型政策執行（如文創產業），皆以都會區域為單位。然而，奧地利並未參與歐洲都會區域計畫概念之發展；因此，仍採用傳統模式，以都市為單位，輔以本地大學。此點亦於魯爾2010與林茲2009之「名稱與範圍」表露無疑。

此外，在同樣源自歐盟的文創產業概念下，德奧兩國發展策略也存有本質上的差異。德國的文創產業策略出發點在於調整產業結構，與都市區域的空間規劃結合，落實到細部計畫層級，是兼顧軟硬體發展的策略。奧地利則以提升軟體能力為主，以提供民間企業推廣、輔導、諮詢、連結為主，並結合提供小部分優惠貸款，重點在於培育文創企業。大體而言，德國文化產業與都市計畫高度結合，官方投入成本高，同時有期程長、轉換不易、彈

性較低等缺點；但該基礎建設投入後，往往影響深遠，著眼於文創產業在地著床與長期發展效益。奧地利之創意產業偏重民間企業發展，官方投入成本低、期程短、彈性高，在變動快速的知識社會時代，該策略有一定的優勢；然而，由於並未同時改造在地空間條件，吸引留駐，若民間企業外遷，創意資源亦有從而流失之虞。

最後，德奧文創政策亦有值得台灣思考借鑑之處。首先，文創產業分類與既有的經濟社會統計配合方面，德奧因為歐盟統合的長期操作經驗及體制要求，文創產業分類與歐盟既有的行業標準分類接軌，有利於跨政府部門的各項作業及學術研究深入探討，以規劃、監測、評估政策。而台灣自頒行文創法以來，所謂15+1項文創產業如何與既有產業分類接軌，亟未見公開而嚴謹的對照系統，影響相關行政與研究甚鉅。其次，台灣由於空間規劃設計專業甚早介入歷史建築與文化資產保存再利用活動，同時也是重要的創意專業，因此，文創產業發展計畫多與空間規劃體系有不同程度的接合。未來如欲參考德奧的創意產業發展機制，應可多元思考，例如，在空間尺度上，可擴及都市區域的規模；在發展模式上，對於沒有特殊空間訴求的文創企業，亦可以考慮以非空間性的支持培育機制為主。

1　瑞士與列支登斯登亦有相對應之文化創意產業政策，然此二國並無傳統產業轉型壓力，因此，發展方向與策略與德奧兩國不同，故本文不列入討論。詳見：http://www.kulturwirtschaft.ch/（瑞士文化產業）、 http://www.kreativwirtschaft.ch/（瑞士創意產業）、 http://www.kulturgilde.li/（列支登斯登文化創意產業）。

2　Forschungsgutachten Kultur-und Kreativwirtschaft der Bundesregierung (2009) .

3　參照 BMWi (2010)。

4　參照STATISTIK AUSTRIA (2008; 2010)。

5　邦級依據德國統一進程以及其背景因素，分為聯邦邦、自由邦、自治市三類。聯邦邦多為普魯士王國併吞獨立邦國後併設的行省；自由邦前身多為神聖羅馬帝國時代實際國力與普魯士王國相當之王國或選帝侯國，德意志帝國成立後改組為自由邦，享有高度自治權；自治市除聯邦首都柏林（Bundeshauptstadt Berlin）以外，自由暨漢薩市漢堡（Freie und Hansestadt Hamburg）以及自由漢薩市不萊梅（Freie Hansestadt Bremen）皆為歷史上具有高度自治權的漢薩同盟領袖，該三自治市在德國政府組織位階等同邦級。

6　縣級包含縣（Kreis）以及等同縣級的邦轄市（kreisfreie Stadt），邦首府（Landeshauptstadt）亦屬此類。自治市內亦可下轄邦轄市，如不萊梅市下轄之不萊梅港市（kreisfreie Stadt Bremerhaven）。

7　各邦仍有不同組織架構。

8　邦級依奧地利國家沿革背景因素，分為聯邦邦、自治市二類。聯邦邦多為奧地利王國直轄行省或與哈布斯堡王室有密切關聯之公國，皆為昔日奧匈帝國核心成員（Kernland），自治傳統較德國諸邦薄弱；自治市為聯邦首都維也納，在奧地利中央政府組織位階等同邦級。

9　縣級包含縣（Bezirk）以及等同縣級的邦轄市（Stadt mit eigenem Statut）。

10　具有跨邦整合能力。

11　GVA（總附加價值）＋產品賦稅 －產品補貼＝ GDP（國民生產總值）。

12　德國行政改革一般而言是由下級往上級進行。

13　參照 Deutscher Bundestag (2007)：該計畫由邦政府、鄉鎮政府到民間機構

間統籌合作，以「打破分散現象，並且找出發展主軸」為目標。布蘭登堡邦試行的文化政策並非針對單一單位執行，反之，該計畫在某種程度上重視不同層級、單位的交流與互動（邦政府、鄉鎮政府與民間單位）。此外，政策評估預計每二年進行一次目標檢視。

14 參照 Kühn (2011): Sächsisches Kulturraumgesetz (SächsKRG)，1993年由薩克森邦議會通過，翌年8月1日公告實施。最近一次修訂日期為2008年8月18日。

15 依據其發展歷史背景，如邦國、主教駐錫地、商業同盟城、工業化後之工業城，加之以各地實質現況生活圈與發展策略的極大差異，於德國聯邦部長級會議決議後，劃設出十一個都會區域。該都會區域內各鄉鎮市之細部計畫統一協商、制定。

16 參照德國聯邦報告 Enquete-Kommission "Kultur in Deutschland" 2007：文創產業在德國被定義成全新的產業。在德國，文創不僅僅是口號宣傳或是藝術行動，而是被當成真正的重點產業發展（如同工業時代的工業、商業時代的服務業）……。

17 德意志帝國成立之前邦國林立，各（王、公、侯、伯爵）國多設立內閣，以首相執政，對議會以及國王（公、侯、伯爵）負責。1871年德意志帝國成立，除設立帝國皇帝與帝國內閣以外，各王國仍維持其政治制度；第一次世界大戰後德皇退位，改設總統，但內閣與地方分權制度仍未改變。儘管第二次世界大戰結束後分為聯邦共和（西德）與民主共和（東德），1989年兩德統一後採用聯邦共和制，然而，無論採行何種制度，內閣與地方分權的傳統依舊保留。中央設聯邦總統，由聯邦內閣總理執政；各邦設邦總統，由邦內閣總理執政。內閣皆由議會選舉結果之多數黨組成，重要議題採政黨協商方式決議。

18 德國認為著作權就像一棵樹的樹根，盤根錯節、不可二分，只有衍生來的著作使用權可以轉讓、授權。參閱黃慧嫻（2008），〈德國修法加強智慧財產權授權之破產保護〉，《科技法律透析》，第 20 卷 第 4 期，頁2-8。

19 綜觀歐洲歷史，奧地利前身為奧地利王國、奧地利大公國、哈布斯堡王朝領地，亦為內閣制。王國所轄各個地方，設立行省派遣總督直轄，因此政治傳統上即為中央集權。

20 由聯邦基本法引申而出的子法，相關條文：Forschungs-und Techno-logieförderungsgesetz (FTFG) BGBl. Nr. 658/1987 [...] Die Richtlinien bilden die Grundlage zur Abwicklung (bzw. Übertragung zur Abwicklung an geeignete Fördereinrichtungen) von Forschungs-und Techno-

logieförderprogrammen gem. § 11 Z. 1 bis 5 FTFG im jeweiligen Verant-
wortungsbereich der beiden Bundesminister. Entsprechend § 15 Abs. 2
FTFG wird der Volltext der FTE-Richtlinien hier zum Download bereits
gestellt.

21 德國主管機關為聯邦勞工與社會部（Bundesministerium für Arbeit und
Soziales, BMAS），奧地利主管機關為聯邦勞工社會與消費者保護部
（Bundesministerium für Arbeit, Soziales und Konsumentenschutz,
BASK）。

22 德國勞工法一般規範，受雇從業人員之社會保險為雇主之義務。自1983年
起，將自由藝術家、自營出版業者等與一般行業性質不同之從業人員由勞工
法一般規範分出，成立專責的藝術家社會保險。

23 「一般社會保險法」（Allgemeines Sozialversicherungsgesetz, ASVG），
1955年通過，1956年1月1日公告實施，為奧地利實施社會保險的基礎母
法。其中涵蓋如自營商（GSVG）、農夫（BSVG）、公務員（B-
KUVG）、自由業者（FSVG）、公證人（NVG）等非受雇人員之社會保
險施行子法。

24 參照Compendium Cultural Policies and Trends in EUROPE-Countrey
Profile Austria (2011) , 5.1.4 Social security frameworks。

25 參照奧地利聯邦財政部（Bundesministerium für Finanzen, BMF）之行業
別與稅務分類。

26 參照奧地利藝術家保險基金（Künstler-Sozialversicherungsfonds, KSVF）
施行細則。

27 參照Compendium Cultural Policies and Trends in EUROPE-Countrey
Profile Austria (2011) , 5.1.4 Social security frameworks。

28 歐洲自中世紀以來，大學授予文法商科Magister傳統學位，授予理工科
Diplom傳統學位，約等同碩士，取得學位後可攻讀博士；傳統學位修業年
不限，時常與相關產業公會結合，考核嚴格。近年與國際接軌，始引進學士
碩士二階段學制，亦稱國際學程。

29 引用自Forschungsgutachten Kultur-und Kreativwirtschaft der
Bundesregierung (2009): "Der verbindende Kern jeder kultur-und
kreativwirtschaftlichen Aktivität ist der schöpferische Akt von
künstlerischen, literarischen, kulturellen, musischen, architektonischen
oder kreativen Inhalten, Werken, Produkten, Produktionen oder

Dienstleistungen. Alle schöpferischen Akte, gleichgültig ob als analoges Unikat, Liveaufführung oder serielle bzw. digitale Produktion oder Dienstleistung vorliegend, zählen dazu. Ebenso können die schöpferischen Akte im umfassenden Sinne urheberrechtlich (Patent-, Urheber-, Marken-, Designrechte) geschützt sein."

30 德國經濟科技部（BMWi）2008 年統計。

31 參照STATISTIK AUSTRIA (2008; 2010)。

32 Die Richtlinien wurden gemäß den europäischen Rechtsvorschriften bei der Europäischen Kommission notifiziert und von dieser am 11. 8. 2006 genehmigt.

第六章
地景和地方感鑲嵌之魯爾埃森2010

魯爾區（Ruhr）位於德國西方，萊茵河支流下游，面積4,435平方公里，區域內人口達570萬人，佔德國人口的9%。它曾經是歐洲最大工業區、歐洲工業心臟，聚集煤炭、電力、鋼鐵、機械、化工等產業。區域內有53個城市，前四大城市是多特蒙德（Dortmund）、埃森（Essen）、杜伊斯堡（Duisburg）、波鴻（Bochum）[1]。

　　相較於其他歐洲文化首都，魯爾區是第一個非以單一城市獲得歐洲文化首都的地區。它申辦初衷是著眼於提振區域經濟，以及整合區域內城市，讓魯爾區不再只是城市集合，而是藉由歐洲文化首都活動讓「魯爾工業區」（Das Ruhrgebiet）轉型為「魯爾大都會區」（Metropole Ruhr）。

由重工業中心轉向文化大都會

　　魯爾工業區曾經是德國，也是世界重要的工業區之一，亦為德國發動兩次世界大戰的重要基礎；當年以採煤、鋼鐵、化學、機械製造等重工業為核心，形成部門結構複雜、內部聯繫密切、高度集中的地區工業綜合體。除此之外，魯爾區的地理位置十分優越，處於北歐、中歐、南歐的交會點，也因此發展出縱橫交錯的交通網絡。

　　就水運方面，魯爾區有萊茵河縱貫南北，過去從杜伊斯堡到荷蘭邊界的萊茵河段，年均運輸量達1億噸，通過鹿特丹港與世界各地進行貿易往來。雖然魯爾區地處內陸，但由於它有著方便的水運條件，特別是萊茵河通海航運，使得它與沿海地區同樣具有廉價運費條件。

　　就鐵路與公路方面，鐵路運輸與河運同樣發達。區內鐵路密度非常大，營運里程達9,850公里，佔全國近五分之一，多東西走向，許多從巴黎通往北歐和東歐的鐵路穿過本區，客運列車多停靠沿途大城。公路和高速公路四通八達，為區內及其他工業區聯繫的紐帶，從德國西部通往柏林和荷蘭的高速公路均從此區經過。此外，魯爾區都市化程度頗高，公路汽車行駛的密度為全國平均密度的一倍，達每公里55輛。

　　魯爾贏得「歐洲文化首都2010」的這個頭銜，代表著魯爾區的文化藝術水準受到廣泛的認可，象徵著魯爾區告別高度污染的煤鋼的舊時代，走向知識社會時代的國際大都會的重要標誌。

因為在這之前，魯爾區已經擁有100座音樂廳、200座博物館、120家劇院、100個文化中心、250個節慶、19所大學、1,000個工業紀念碑、100萬名足球迷。

　　同時，這也是首次不以單一城市而是以「區域」作為獲選單位，象徵著全新的空間規劃概念──「都會區域計畫」的實踐。在這個活動中，魯爾都會區域中的53座城市成為文化、旅遊、藝術的共載體，完整地呈現在全歐洲、全世界人的面前。與昔日相比，如今魯爾區的變化稱得上是日新月異。博物館、電影院、劇場、辦公大樓等新建築如雨後春筍般湧出。儘管礦山已成歷史，但在魯爾2010的活動中，象徵著過去重工污染的設施被賦予全新角色，以曾經污濁的河水為養分，長出欣欣向榮的植被。

圖10　魯爾區地圖 [2]

北杜伊斯堡景觀公園（攝影：孔憲法）

　　目前魯爾區內有六大代表地標，分別是北杜伊斯堡景觀公園（Landschaftspark Duisburg-Nord）、奧伯豪森瓦斯槽（Gasometer Oberhausen）、四面體觀景台（Tetraeder）、魯爾鋼板（Bramme für das Ruhrgebiet）、關稅同盟礦區（Zeche Zollverein）和多特蒙德釀酒廠（Dortmunder U）。

　　北杜伊斯堡景觀公園，原址是煉鋼廠和煤礦及鋼鐵工業，因此使周邊地區嚴重污染，於1985年廢棄，在19世紀中期之前為農業用地。公園設計與其原用途緊密結合，將工業遺產與生態綠地交織在一起。景觀建築師彼得・拉茨（Prof. Peter Latz）儘量減少大幅度改動原場地，並適量補充，使改造後的公園所擁有的

多特蒙德釀酒廠（圖片來源：http://www.flickr.com/photos/dortmundtourismus
/4362757646/）

關稅同盟礦區（圖片來源：http://www.flickr.com/photos/wwwuppertal/ 6407542401/）

新結構和原有歷史層面清晰明瞭。此外，他利用原有的荒廢材料以塑造公園景觀，因而大大地減少了對新材料的需求，節省許多支出。經過四年多的努力，這個昔日的鋼鐵廠被改造成為一個佔地230公頃的綜合休閒娛樂公園，與之相關的許多分支專案在隨後的幾年中也都逐步完成。

奧伯豪森瓦斯槽，該瓦斯槽曾經是歐洲最大的瓦斯槽，用以鑄鐵、發電。在二次大戰

奧伯豪森瓦斯槽（圖片來源：http://www.flickr.com/photos/draculina_ak/2856717851/）

時多次遭受轟炸，在戰爭結束前一年關閉。原本可能像許多其他的瓦斯槽一樣直接被拆除，然而北萊茵－西伐利亞邦政府和埃姆瑟國際建築博覽股份有限公司（Internationale Bauausstellung Emscher Park GmbH, IBA）（簡稱：埃姆瑟公司）相中此處發展的潛力，決定保留並加以改造。如今這個瓦斯槽搖身一變成了大型的展覽和表演廳，在2009天文年時舉辦國際天文展，展場中間展出一個25公尺高的月球，令人印象深刻。

四面體觀景台，由210噸的鐵和鋼筋建成，長1.5公里。底部由四根鋼筋混凝土柱撐起。主要架構是許許多多的階梯，不同層的階梯有不一樣的風景。

魯爾鋼板（圖片來源：http://www.flickr.com/
photos/76664955@N00/4614406814）

四面體觀景台（圖片來源：http://www.flickr.
com/photos/47391275@N05/4347771995）

　　魯爾鋼板，是個小山丘，以前曾為採礦場。魯爾鋼板是個美
國藝術家極簡風格的作品，高14.5公尺，寬4.2公尺，厚度為
13.5公分，坐落方向恰好為東西向，並略偏向南邊3度角。

　　1890年時，關稅同盟礦區的煤炭年產量達100萬噸。1927年
第12號礦井開始設計建造，目的是將所有礦井的煤炭集中到一個
建築內進行流程化處理。後來這個第12號礦坑成為該區最重點精
華的景點。但關稅同盟礦區的賣點還不僅僅在於產量大，它同時
被稱為「世界上最美麗的煤礦區」。建築設計嚴格按照對稱和幾
何學原理建造，內部設計也講究簡潔、流暢。隨著煤鋼時代的終
結，關稅同盟礦區日漸沒落。2001年，關稅同盟礦區被列入世

界文化遺產名錄，成為人們瞭解德國工業時代原貌的視窗。

多特蒙德釀酒廠，是多特蒙德的第一個摩天大樓，其U字塔當初是用來發酵和貯存酒的地方。如今已成為一個面積有8萬平方公尺的展覽空間。

全民描繪未來的綠色城市

過去提起魯爾，大多數人馬上聯想到的就是鋼、煤、一座座的礦山和一支支的煙囪。魯爾作為工業革命的重要基地，付出的代價就是自然環境，埃姆瑟河（Emscher）成了一條死水，煤渣山佔據原本應該的綠地。德國作家伯爾（Heinrich Böll）甚至這麼描述魯爾：「在這裡，白色只是一種夢想！」

魯爾的繁榮光景，因為不敵隨後崛起的拉丁美洲和亞洲新興國家的鋼鐵廉價傾銷，漸漸步入經濟衰頹之路。1970年後，魯爾區鋼鐵廠陸續關閉，出走的從業人口、高失業率與破壞殆盡的生態環境，使得政府不得不當機立斷，決定魯爾區的未來。

1988年，北萊茵－西伐利亞邦政府為挽救魯爾區生態與產業危機，並改造其城市體質，以因應下世紀的競爭力，特別提供3,500萬馬克（約6億5,000萬台幣）的營運資金，成立埃姆瑟公司（IBA）作為整個改造方案的總部，開始為期長達十年、結合17個城市參與的埃姆瑟公司的改造計畫[3]。

1989年，埃姆瑟公司為遍體鱗傷的魯爾區提出一連串新的願景：希望讓這個傳統工業區地景發展成為一個連貫的生態景觀

大公園；希望讓原本作為工業污染廢水排放管道的埃姆瑟河，恢復為一條自然生態河道；希望讓過去被極度污染的萊茵河內運河（Rhein-Herne-Kanal）改建成可被生活和體驗的空間；希望讓工業區內的工業建築被保存為在地歷史見證；希望讓過去工業區土地變成現代化科學園區和工商發展園區、服務產業園區；希望讓人民在公園中就業；希望創造新的文化活動，帶動地方活化。整體而言，他們所希望的魯爾區是可以永續生活的家園，是一個綠色之夢。

為達成上述願景，埃姆瑟公司進行以下改造計畫[4]：

（一）對現有的建築物進行維護、改善與舊空間再利用。

這個策略是使魯爾區改造計畫成功的重要因素，因為魯爾區過去的發展軌跡是無法複製、獨一無二的；與其更新、或添加新的東西，保留過去工業發展留下的廢棄建築，並賦予它們新的功能，更能發揮文化創意的想像和功能。最典型的例子就是奧伯豪森瓦斯槽，一度要被拆除的醜陋瓦斯桶，重新改造成為令人驚豔的展覽場，甚至標榜「不夠新潮、不夠現代、不夠創意的作品，不夠資格展出」的口號，如今全世界的藝術家們均以能夠在此展現創作為榮。

（二）以漸進手段恢復生態，同時防止未開發的土地繼續開發。

環境被破壞殆盡的魯爾區要怎麼復育，是個棘手的問題。首先，把高度污染的土壤挖掉，填上新土，並做好防水措施隔開已污染區域和未污染區域，以免下雨時雨水擴散污染物。要種什麼

植物才能綠化植被，設計師讓居民廣撒種子、多方嘗試。而另外是杜伊斯堡景觀公園裡的污水道，設計師沒有使用「移土填平，水泥固化，再種樹、蓋涼亭、砌桌椅」的掩蓋式作法，也沒有「直接換上乾淨的水，然後設計一段親水河道讓民眾戲水」的單線思考，而是透過一些簡易的周邊環境改善，如設置坡道和可以讓雨水下滲式的地表，再匯集雨水引入廢河道，讓污河慢慢自清淨化，並逐漸變成被用來澆灌周遭植物的活水，最後使其成為一條生態景觀的河流。

（三）在公園裡創造就業機會，同時使居民投入。

當時魯爾的發展困境是萎縮的煤鋼產業和高失業率，政府為了鼓勵居民留下來重建家園，並非提供失業金等救濟措施，而是改以埃姆瑟公司的改造計畫為著力點，推行了一個和這些計畫環環相扣的「就業工程」。再以北杜伊斯堡景觀公園為例，無論是計畫構想的提出，到參與討論及實行，居民都不是以單純「義工」的身分投入的，而是一種職業，是受計畫經費支持的。一個開放性的公園改造空間，能為大家創造各種不同層級的工作機會，例如有人專門研究如何綠化、有人維護環境；原先在工廠做事的優秀工人，被轉化成以一種十分榮耀的心情來擔任導覽員，當他帶著遊客體驗這些高度複雜的機器設備，是如何轉變成德國強大的動力時，等於也是在藉由貼近這個被保存下來的工業古蹟，去聆聽一百五十年來德國工業發展的生命史。

這樣的作法，使魯爾區的所有改變都能得到其最大的效益與效果。既然這一切都是藉由專業團隊與民眾共同想像並實踐，居

民的心態也從被動轉為主動，因此能讓所有博物館、新的能源建築都達到其用途，不會淪為浪費資源的蚊子館。如此建立出當地居民可以認同在地、並承載所有文化、經濟活動的機制，是整個計畫能成功並維持到現在的關鍵。

這些建設的經費主要來自各級政府的各項投資計畫經費，屬於地方政府的計畫案則由各地方政府依正常制度編列預算支應，私人部門則在「公私夥伴關係」的架構下合作投資各單項計畫案。當一個計畫案的基本取向及內容符合IBA的精神，並經由IBA指導委員會核准後，計畫便可以在各級預算的編列與支應上享有最高優先的權利。IBA成立十年間，總共投入100億馬克支持計畫，其中三分之二的資金來自公部門，三分之一則來自私人企業的投資。

打造 2010 年歐洲文化首都[5]

魯爾區申請歐洲文化首都的起源，得追溯到1990年代。當時地方政府正著手致力於魯爾區的文化提升，主要的關鍵是埃姆瑟公司在魯爾區北部和埃姆瑟河岸，進行約120個埃姆瑟公園（Emscher Park）改造計畫。當時埃姆瑟公司主要以區域性文化活動號召53個城市居民與企業高度參與。但是，魯爾區幅員廣大，光憑魯爾鋼琴節（Ruhr Piano Festival）和魯爾三年展節慶（Ruhr-Triennale-Festival）等獨立活動，很難真正地達到以「文化」達到永續、宜居目標，這是魯爾區競選歐洲文化首都的

動機。

　　原本魯爾區為了提高曝光率，準備以「區域」而非「單一城市」的形式參加競選，因為對主管當局而言，歐洲文化首都不是單純的節慶活動，是區域成長計畫。受限歐盟遊戲規則，這53個城市投票推舉埃森市為代表城市，並在德國境內初選時，打敗科隆（Cologne）、不萊梅（Bremen）、卡塞爾（Kassel）、卡斯魯厄（Karlsruhe）、哥利茲／茲哥捷列（Görlitz/Zgorzelec）等15個城市，並以「魯爾埃森」（Essen for the Ruhrgebiet 2010）的名義代表德國競選2010年度歐洲文化首都。

　　2006年，歐盟委員會認為「魯爾埃森」將城市改造計畫所遇到的挑戰主題化，並且清楚說明解決之道與預期成果；同時，歐盟委員會相信這種創新性的理念和活動會大大地提升歐洲市民的興趣，吸引大量來自歐洲和其他地區的遊客，調動當地群體積極參與活動，的確能促進文化交流，值得作為其他有相似處境的歐洲城市參考。

一、專責組織

　　為順利規劃2010年歐洲文化首都，魯爾埃森管理當局設立兩個關鍵組織，一為2004年成立，專責魯爾區都會區域計畫的「魯爾區域計畫協會」（Regionalverband Ruhr, RVR）[6]；另一為2006年成立的「魯爾2010股份有限公司」（RUHR.2010 GmbH）[7]，負責執行規劃所有文化首都的活動。以下我們以「魯爾2010公司」代表魯爾2010股份有限公司，以「魯爾埃

森」（Essen für das Ruhrgebiet 2010）代表歐洲文化首都2010
在魯爾區的活動。

　　魯爾區域計畫協會的前身是創立於1920年的「魯爾礦區聚
落協會」（Siedlungsverband Ruhrkohlenbezirk, SVR），當初
是為償還凡爾賽條約賠款而成立。會員來自魯爾區53個城市，其
首要任務是透過資助計畫，提升魯爾區生活品質。其次，是提倡
魯爾區的經濟和觀光、並強化魯爾區城市間的連結。另魯爾區域
計畫協會也收集魯爾區的生態、氣候數據，並將這些數據納入未
來計畫的考量中。該協會甚至成立「魯爾議會」，保障會員城市
間的共識、區域間公平的利益協調。這個議會由11個城市和4個
魯爾區域代表組成，代表們由委員會（council）和地方議會選
出，五年一選，15個主要大城市市長和區域代表也有投票權[8]。

　　前面提到，魯爾區申請歐洲文化首都的動機與基礎是IBA長
達十年的魯爾改造計畫，為了更全面性地展開歐洲文化首都相關
活動，另外設立魯爾2010公司，進而有了前述所介紹的六大地
標。

　　魯爾2010公司的管理團隊包含一位董事長、一位董事經
理、四位藝術總監和一位協調長。藝術總監和協調長負責策劃所
有魯爾埃森活動，而董事長和董事經理負責外部政商關係管理。

　　魯爾埃森活動共投入8,100萬歐元，活動經費除政府資金
外，也向企業界募集[9]。前五大贊助商包含德國鐵路股份公司
（Deutsche Bahn/SCHENKER）、E.ON天然氣（E.ON
Ruhrgas）、哈尼爾集團（Haniel）、萊茵集團之魯爾電力公司

（RWE）和市立銀行聯盟（Savings Banks Finance Group）。

二、願景建構

　　魯爾埃森的目標是建立起「魯爾大都會」的歷史性定位，期望藉由歐洲文化首都活動「以文化作為蛻變基礎，且在不斷蛻變中形塑文化」（Change through Culture-Culture through Change），在2021年正式成為「魯爾大都會」，讓大眾注意到魯爾區已不再是只有煤礦的城市，而是一個充滿文化活力的都會區！

　　為建構魯爾大都會區之願景，魯爾埃森戮力發展三目標[10]：

1. 持續深耕文化創意經濟。吸引藝術家聚集此地舉辦展覽，成為整個歐洲文化創意經濟的中心城市。

2. 發展綠能產業，強調生態環保。因為過去的污染，讓魯爾區比其他地方都要更注重環境保護，除了新蓋的建築必須要有環保能源的使用之外，他們也致力於綠地的保護、廣植樹木，並設立能源中心，研究未來的可作為再生能源的材料。

3. 加強魯爾區對外和對內城市間交通網絡，讓各方交流更便利。

　　整體的活動圍繞著「神話、大都會、歐洲」的核心概念，以各式各樣的影像、劇場、音樂、語言、節慶和文化創意產業，不斷地訴說著魯爾區以文化重生的故事。

　　行銷宣傳的主旨在於讓大家知道魯爾區已經由工業區搖身一變為歐洲文化首都，希望藉此提高在魯爾區過夜遊客數量、增加休閒支出、提高城市遊覽和文化旅遊者的比例、讓參展旅遊者延長停留時間。

　　為了創造專屬於魯爾區的視覺形象，魯爾2010公司以魯爾區地理輪廓，透過彩色的拼塊代表所有城市、社區、組織機構和居民等；多彩強調魯爾區各地不同的「個性」。這個形象設計雖然在開始宣導時，在魯爾區並非全面被接受，尤其是各市政府認為，接受這些統一設計相關宣傳品會使自己的形象被稀釋，但在

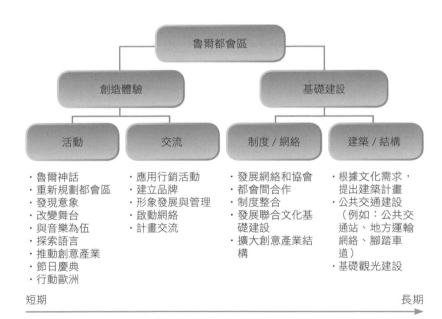

圖11　魯爾埃森活動架構[11]

活動開幕後發現，統一的活動形象反倒能提高民眾的參與興趣。

另外，魯爾埃森2010發展出雙向的通訊與傳播系統（communication and distribution system），透過將區域內的活動在當地推廣行銷，以及將地方活動含括在區域通信內的方式，以相關出版品、新聞媒體、網際網路等通路，打造完善結合的資訊傳播系統，成功地讓區域內每個城市的民眾都有充分的管道獲得活動與場地的資訊。

在文宣方面，官方提供叢書、年度計畫書、活動日程表、明信片、地圖外，也有許多私人出版的魯爾埃森2010相關文宣品。其中，又以叢書最為重要，叢書第一冊主要是傳達魯爾都會區的概念想法，第二、三冊則是以九個規劃地區為界，以圖示和活動馬拉松式的路標，分區介紹相關的活動與計畫。

報紙是魯爾區居民相當重要的資訊來源，魯爾埃森2010共舉辦135場新聞記者會，不論是污水處理廠、教堂或者是船上，都可以成為記者會的地點，意圖傳達文化之都是由各種地方特色形塑而成。

除此之外，德國國內媒體在區域與區域資源的連結和傳播上，扮演著關鍵角色。透過《世界報》（*Welt am Sonntag*）、《南德日報》（*Süddeutsche Zeitung*）、《法蘭克福評論》（*Zeit and Frankfurter Allgemeine*）等媒體報導，將活動相關的訊息傳遞至德國各個區域。據統計，總共有超過66,000篇的國家與國際新聞和平面報導，並且在九天之內，共有225篇電視報導在200個國家傳播，不難看出魯爾2010在國際上宣傳的成效是

非常驚人的。正因為有良好的宣傳效果，魯爾2010成功地塑造它成為歐洲創意經濟中心（European Centre for Creative Economy）的話題。

根據2010年1月份的一場調查，活動年才開始四個月就已經有24%的北萊茵－西伐利亞邦的居民至少參加過一場以上的活動，有3%的德國其他邦的居民表示一定會前往魯爾埃森，另有13%的人表達可能會參加。在歐洲文化首都活動開始前十年，1992年的觀光人數183萬人，2009年303萬人[12]。但是魯爾埃森一年內舉辦5,500場以上活動，1,165個志工的總工時達175,000小時，吸引1,050萬的觀光客，增加650萬過夜數，相當於額外創造9,000萬歐元的營收等等，在在都重寫魯爾區和歐洲文化首都的紀錄。

創意「啟」點

魯爾區在2010年獲選為歐洲文化首都，可是在此之前，它曾經是一個邁向夕陽且被重度污染的工業區，後來經過創意規劃與專業執行後，已經脫胎換骨成為一個以創意經濟為主的地區。早期，它是德國和全世界很重要的煤炭、鋼鐵、化學、機械製造工業區，工業產值曾佔德國40%，也是德國最大消費中心。隨著二次世界大戰結束，全球經濟開始走下坡，它的煤鐵和重化工業開始衰敗，失業成為嚴重的社會問題。但是自1989年起，它首先展開產業結構調整，致力發展成休閒、娛樂、展覽和教育中

心，例如，將閒置的煉鋼廠改建成集合新創事業和學研機構的育成中心和研究中心；將粗鋼廠空間改造成景觀公園，作為潛水、攀岩、拍戲、宴會等用途的北杜伊斯堡景觀公園；漢姆市麥士米聯公園原本是礦區，現在改建成花展和藝術展覽的家庭型社區公園；同時，在埃森市關稅同盟12號礦區興建72戶太陽能社區、採礦博物館和紅點設計中心等。

這些創意經濟是魯爾區憑藉四大力道發展，我們可參考魯爾區的模式，發展出台灣的創意「啟」點：

1. 以記憶探索未來

魯爾區過去的繁華與工業發展的痕跡是世界上其他地區無法複製的。這也是為什麼關稅同盟礦區在2001年被列入世界文化遺產，因其代表性是有目共睹的。「過去」不是魯爾區的包袱，而是魯爾區藉以向世界表現自己獨特性的特徵與基礎，有足夠肥沃的歷史記憶，讓人們產生更多意料之外的創新。

2. 地方認同

為發展文化創意產業，北萊茵－西伐利亞邦政府和魯爾都會經濟發展股份有限公司（Wirtschaftsförderung Metropoleruhr GmbH）在波鴻、丁斯拉肯（Dinslaken）、多特蒙德、埃森、魯爾米爾海姆（Mülheim an der Ruhr）、奧伯豪森和烏納（Unna）等地設置八大創意園區，意圖結合創意經濟發展和宜居的功能，讓文化創意產業可以在這些園區生根發展。在這些園

區中，他們參考魯爾區歷史與發展軌跡，改造舊建築，希望能吸引、留住並保障文化創意工作者。但是要成功地聚集創意工作者，單只倚靠地方政府、北萊茵－西伐利亞邦政府和魯爾都會經濟發展公司所提供的配套措施和軟、硬體資源，恐怕仍不足夠，當地居民的主動參與文化活動，也是重要的驅動因素。

其次，八大創意園區之所以可以蓬勃發展，且未來可能繼續拓展的原因之一，就是歐盟國家彼此免簽證、人口可以自由無阻礙流動的便利性。八大創意園區不只是工作的地方，德國在這些園區提供文化創意者宿舍，讓他們可以不用擔心自己無處可去。然而在台灣這樣的小島，設置這樣的創意園區限制就相對地多，除非可以比照目前已存在的科學園區。然而就算設置了，多元性或許還是比不上歐洲。

3. 永續發展

魯爾區以永續發展脫胎換骨，未來仍將以此原則篩選接下來的每個計畫。就像人必須要有健康的身體才得以行萬里路，環境也必須要有自我更新的能力，才可以承受更多新的建設計畫。德國身為歐盟強國，因此不只是環境的永續發展，再生能源的議題也一直是政府努力開發的項目。

魯爾不以經濟成果為標準，而以對當地最適合、最能永續發展的方式推行計畫。無論是廢棄的煤礦場、寸草不生的煤渣山、或是嚴重污染的河流，德國都竭盡全力把它們保留了下來。因為這些工廠污水景觀，已是當地百年來工業發展的歷史見證，應該

讓它存在。這樣的過程所需要的不只是金錢，而是更多的時間，還有計畫執行者的文化遠見。要如何堅持設計理念，不被預算、效率牽制，只為了呈現出一個可以傳續萬年的建設，也許是現在的台灣很難想像，也很難做到的。

4. 智慧財產權

在發展創意經濟的過程，德國聚焦在輔導獨立藝術家或小型藝術企業的商業化，而這個過程智慧財產權法就顯得相當重要。若是文化創意作品無法受到著作權的保障，任何人都可複製，那麼該作品就失去賺取利潤的能力。對外國藝術家來說，若是自己的作品無法受到保障，很難吸引其來到魯爾區發展。而在台灣，智慧財產權仍是個尚未成熟的概念；所有在實體店面買得到的東西幾乎網路上都有廉價的複製品，而許多文創商品常因為訂價過高使民眾望之卻步，認為「文創」只是個昂貴而不實用的理念。政府該如何更有效地提倡、教育、灌輸人民智慧財產權的觀念和其對文化創意經濟的重要性，是我們需要學習的。當然，另一個前提是，政府發展文化創意經濟的方向和重點也必須要正確。

1 根據2011年12月31日的統計資料，多特蒙德580,956人、埃森573,468人、杜伊斯堡488,005人、波鴻373,976人。

2 依據http://www.metropoleruhr.de修改。

3 林琮盛，2009，〈當火龍不再噴火……──德國魯爾區的重生〉，http://blog.xuite.net/myfriend3q/school/10474842-%E7%A9%BA%E9%96%93%E5%86%8D%E9%80%A0%E7%9A%84%E5%89%B5%E6%84%8F%EF%BC%9A%E5%BE%B7%E5%9C%8B%E9%AD%AF%E7%88%BE%E5%8D%80和http://www.essen-fuer-das-ruhrgebiet.ruhr2010.de/service/literatur/wandel-geschichte/iba-emscher-park-10-jahre-danach.html，上網日期：2012/5/20。

4 林琮盛，2009，〈當火龍不再噴火……──德國魯爾區的重生〉。

5 Ruhr2010，http://www.essen-fuer-das-ruhrgebiet.ruhr2010.de/en/ruhr2010-gmbh/corporate-culture/history-of-application.html，參考日期：2012/5/20。

6 http://www.metropoleruhr.de/regionalverband-ruhr.html，參考日期：2012/4/20。

7 http://www.essen-fuer-das-ruhrgebiet.ruhr2010.de/，參考日期：2012/4/20。

8 http://manageplus.rvrcms.kdvz.de/en/manageplus/partners/ruhr-regional-association.html，參考日期：2012/4/28。

9 Ruhr2010公司股東組合，包含聯邦政府（1,800萬歐元，22%）、北萊茵－西伐利亞邦政府（NRW）（1,250萬歐元，15%）、魯爾區域計畫協會（RVR）（1,200萬歐元，15%）、埃森市政府（600萬歐元，7%）、歐盟（150萬歐元，2%）。http://ec.europa.eu/culture/documents/pdf/ecoc/ecoc_2010_final_report.pdf，參考日期：2013/5/9。

10 http://www.metropoleruhr.de/wirtschaft/zukunftsprojekte/kreativquartiere.html，參考日期：2012/5/24。

11 A Metropolis in the Making: Evaluation of the European Capital of Culture RUHR.2010.

12 N. Beier (2011) RUHR.2010 – A metropolis in the making. In Julia Frohne, Katharina Langsch, Fritz Pleitgen and Oliver Scheytt (eds.) *RUHR. From the myth to the Brand.* RUHR.2010 GmbH.

第七章
創意萬花筒之
林茲2009

林茲（Linz）獲選為2009年歐洲文化首都，如同2010年文化首都的魯爾區一樣，都是轉型成功、有特色的歐洲文化首都。林茲一直是奧地利的鋼鐵、化學和機械製造重鎮，也曾經是高污染工業城。2009年的歐洲文化首都活動，除向外人展示三十年來文化政策執行成果外，也順勢增修文化政策，進行文化工程進化。

　　本章由「城市特色」來說明林茲轉型緣由，再以「畫出城市發展藍圖」說明林茲對未來的想像定位，最後以「閃閃動人的文化創意活動」來描繪林茲以文化建設實踐城市定位的作為。

城市特色

　　林茲於799年建城，目前是上奧地利邦的首府、奧地利第二大城市，面積96平方公里（約比新竹小一些），人口約有19萬人（2009年）[1]。林茲是多瑙河上游最大的港口，與納粹的淵源頗深，希特勒曾經在林茲求學，並將此地當作預計的晚年退休居住地，而且還以林茲為工業發展據點。奧地利有四分之一的工業商品出於上奧地利邦，使上奧地利邦成為其他九個邦的工業龍頭。也因為如此，上奧地利邦的工業群聚效應比起其他邦成熟。從彼時起，林茲就是奧地利工業區核心，林茲人口多半是從事工業的藍領階級，因此，林茲和歐洲許多城市一樣，都是工業革命早期興起的城市。這些城市的共同特色是，工業污染讓城市烏煙瘴氣。

　　鋼鐵業向來是林茲的經濟命脈，截至目前為止，世界知名的Voestalpine集團鋼鐵廠仍是林茲私部門中最大雇主，大約每二十位居民就有一人在該公司服務。在1970年代鋼鐵業邁入全球衰退期，林茲當然逃不過這場衰退劫難。於是林茲便開始思考改善城市經濟與扭轉城市形象的方向，林茲座落在維也納（Wien）和薩爾斯堡（Salzburg）中間，前者是有輝煌帝國的歷史背景，後者是莫札特的誕生地音樂之都，兩地同樣有悠久的古典音樂傳統，林茲卻是鋼鐵工業城，相對前兩地，林茲較缺乏歷史文化遺產。該怎麼辦呢？

　　「納粹歷史」是林茲永續發展的包袱之一，既然「記憶喚起

認同」不堪作為城市發展基礎，就改以「建構未來、爭取認同」發想城市定位。為與這兩地較勁，林茲開始以文化進行城市療癒（self-healing）工程，立法改善環境污染，興建布魯克納音樂館和舉辦布魯克納音樂節等[2]。

布魯克納音樂館在1974年建成之初，表演活動以古典音樂為主。在當時的社會，傳統的古典音樂深受金字塔頂端擁抱，很難吸引絕大多數藍領階級參與。如果要將林茲變成歐洲文化城市之一，必須結合居民認同，選擇「與藍領生活結合，具有在地精神，以及未來導向」的城市定位，於是林茲重新定義自己為「工業與技術兼具的現代化、有活力的城市」，以「當代藝術」和「電子藝術」實現想像，發展出有別於前兩個城市的特色。

1978年在布魯克納音樂節安排了搖滾音樂搭配視聽科技的活動，贏得了許多居民的掌聲[3]。因此，1979年舉辦第一屆「電子藝術節」（Visionary Ars Electronica Festival）[4]，進一步結合「聲音之雲」（Klangwolke）[5]的戶外聲光音樂會，將電子藝術與公共空間藝術帶進市民生活，整個城市曝露在五光十色的藝術氛圍，藝術和科技擴及普羅大眾。

畫出城市發展藍圖

近年來，林茲歷經數次的未來城市想像工程，第一次是1995年發起、2000年定稿的「林茲文化發展計畫2000」（Cultural development plan of the city of Linz），第二次是2005年起正

聲音之雲 2010（圖片來源：http://www.flickr.com/photos/arselectronica/ 4959122343/）

聲音之雲 2011（圖片來源：http://www.flickr.com/photos/judo10/6109819457/in/ photostream/）

式規劃的歐洲文化首都活動，第三次是2008年起修正、目前尚在規劃中的「林茲文化發展計畫2020」。

圖12　林茲文化政策發展進程

一、變身文化之都

　　1970年代，林茲要重新定位城市形象，除了受維也納和薩爾斯堡兩大音樂城的影響外，作曲家安東‧布魯克納（Anton Bruckner）[6]是林茲人的影響也很重要。1978年意外地將電子音樂帶入布魯克納音樂節活動後，讓林茲市民和國際人士開始注意到電子藝術節。也讓林茲市政府瞭解，文化政策要成功，必須先讓市民認同文化發展價值和具備文化參與意願，電子媒體與科技藝術透過公共開放空間，容易讓參與者印象深刻，例如「聲音之雲」藉由公共場所舉辦大型戶外藝文活動，讓民眾可以輕鬆參與，贏得市民認同，成為市民的重要記憶。

　　隨後在1995年，林茲市長Franz Dobusch、文化與藝術市議員Dr. Reinhard Dyk和文化局長Mag. Siegbert Janko發起「林茲文化發展計畫2000」，結合林茲市政府、上奧地利邦政府、奧地利中央政府、藝術家和對城市發展有興趣的公民等的智慧，耗

費四、五年的時間，歷經三大步驟才告完成。

　　首先，由學者完成兩份前導型研究計畫，一者由政治文化角度審視林茲近代史，並比較奧地利的其他城市，另外則盤點林茲由1945年戰後至今文化環境的改變，最後用「從歐洲工業重鎮到歐洲文化首都」作為文化政策白皮書的核心論述。

　　再則，由文化局長Janko和大學學者共同成立五人工作小組，起草「林茲文化發展計畫」，邀請各領域的專家學者提供寶貴的意見，1997年完成文化政策的立基點和大方向後，公布計畫草綱，民眾反映出乎意料的激烈，透過網路發表看法，公開批評，甚至阻撓。為了收集四面八方的意見，1998年舉辦兩天的公聽會，讓對該議題有興趣的公民、藝術家和文化學者溝通。另外，也舉辦「專家論壇」（Group of Experts for the KEP），由文化局長Janko、表演藝術家、政治團體、媒體專家和公民等共同討論。最終版於2000年3月經市議會無異議定案，命名為「林茲文化發展計畫2000」，並由新成立的「文化諮詢委員會」（City Culture Advisory Board-Culture Parliament）定期檢討內容，以符合時代需求，也提供居民參與文化政策的管道。

　　「林茲文化發展計畫2000」揭露「科技與新媒體」（Technology and new media）、「全民共享文化」（Culture for everyone）、「開放空間」（Open space）和「透過第三部門運作藝文事務」（Independent scene），是2000年至2015年間林茲文化政策的四大核心價值。

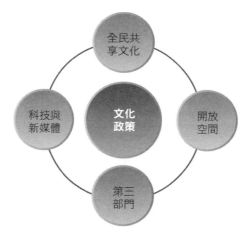

圖13　林茲文化發展計畫2000四大核心價值

二、最強去污劑──文化發展計畫

　　1998年林茲舉辦歐洲文化月（European Cultural Month）
的成功經驗，鼓舞林茲市申辦歐洲文化首都的信心，「林茲文化
發展計畫2000」遂將「林茲努力成為歐洲文化首都」列入文化
發展目標。

　　起初在申辦歐洲文化首都時，林茲只想凸顯它在電子藝術努
力的成果，展現它成為國際數位媒體之都的企圖，刻意淡化大家
對鋼鐵污染城和納粹歷史的記憶。這種作法受到歐洲文化首都評
委的挑戰，因為歐洲文化首都的目的之一在於彰顯歐洲多元文化
底蘊，而記憶與認同是構成文化底蘊的重要元素。幾番修正後，
林茲不迴避納粹歷史，改以文化生活、產業經濟和自然生態三面

向描述城市定位。

在文化生活面，林茲有決心改變城市形象，成為新媒體之都，以林茲2009活動扮演多元文化介面，真實反映出林茲的實際生活[7]。在產業經濟面，林茲可以作為電子技術和藝文混合創作的實驗場域；在創意者恣意發揮下，原本的產業藩籬不是問題，可以在此創造無限可能；同時，林茲是個跟得上時代腳步且具競爭力的城市，只要市民願意，都可以在林茲的任何角落與空間工作，創造財富[8]。在自然生態面，林茲是多瑙河畔的綠化花園，居民可以擁有清新空氣，放心地擁抱土地[9]。綜而言之，在未來，林茲會充分運用文化、科技和自然元素，完全去除它的黑城形象，建設成為國際媒體文化之都、歐洲文化城和未來城市。

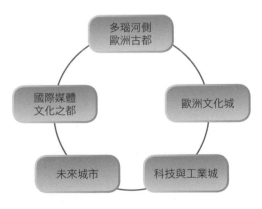

圖14　林茲2009未來定位

閃閃動人的文化創意活動

　　以下我們由電子藝術和2009年歐洲文化首都兩類活動來討論林茲的文化建設。

一、電子藝術活動

　　林茲自1979年開始舉辦電子藝術節,並自1987年起舉辦電子藝術大獎。對林茲人而言,這兩項活動並不是每年的生活點綴,他們更想以此基礎引導林茲的未來。於是林茲市政府在1995年設立專責機構——林茲電子藝術中心有限公司(Ars Electronica Center GmbH)(簡稱:電子藝術中心)。

　　電子藝術中心的預算有50%來自公部門,其餘由外界贊助和營運收入支應(參見圖15),由林茲副市長擔任董事會主席,希

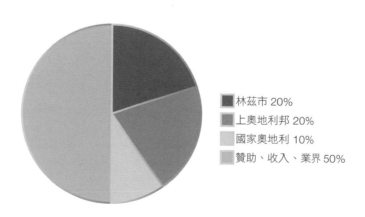

林茲市 20%
上奧地利邦 20%
國家奧地利 10%
贊助、收入、業界 50%

圖15　林茲電子藝術中心經費來源

望以企業化模式經營，可以享有預算和人事的運用彈性，營運不受政府法規束縛，也因為官方代表坐鎮董事會，其運作不致偏離公共要求。

電子藝術中心，它不單純是美術館或科學中心，它提供互動科技、互動裝置和互動藝術結合的教育學習環境，讓大眾瞭解社會經濟已邁入數位經濟。在這樣的推動方向下，奧地利中央政府與上奧地利邦政府為林茲挹注許多資源，不但讓電子藝術節有足夠財力建置國際規格，促進城市和區域的合作，也資助林茲大學（Johannes Kepler Universität Linz, JKU）設立「媒體藝術與科技中心」（Institute for Media Art and Media Work）。

具體而言，林茲電子藝術中心的主要活動有四類：電子藝術節、電子藝術獎、未來美術館，以及未來實驗室[10]。

電子藝術節是世界上第一個標榜藝術、科技、社會的新媒體藝術節，不僅是藝術與科技的表現，且自1986年起每年設定主題，舉辦國際研討會。電子藝術節定位為藝術與新媒體的平台，促進各文化機構間的合作關係，特別是電子藝術中心、倫托斯美術館（Lentos Kunstmuseum）[11]、布魯克納音樂館、OK當代藝術中心（OÖ Kulturquartier）、上奧地利邦國家廣播電台（Österreichischer Rundfunk, ORF）、教育機構、大學和相關產業機構等。

自1987年起，向企業界募集高額獎金，針對數位音樂、互動藝術和電腦動畫等項目舉辦電子藝術大獎（Prix Ars Electronica），邀請國際級專家擔任評審，以高額獎金吸引世界各地

的人才和作品參加競賽，建
立林茲與國際媒體藝術人才
網絡。同時，電子藝術節通
過公共空間與民眾互動，讓
「聲音之雲」延伸為藝術與
新媒體平台。

　　未來美術館（Center）
以「育成」為核心，在「全

電子藝術大獎2013（圖片來源：http://www.
flickr.com/photos/arselectronica/ 8280893182/）

民共享文化原則」下，提供教育設備給民眾使用。未來實驗室
（Futurelab）則協助新科技藝術商品化，例如以專案方式，媒合
林茲大學、林茲藝術大學（Universitaet fuer Kuenstlerische und

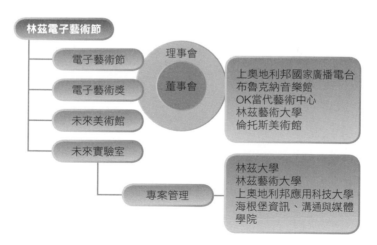

圖16　林茲電子藝術中心組織圖

Industrielle Gestaltung Linz）和上奧地利邦應用科技大學海根堡資訊、溝通與媒體學院（School of Informatics/ Communications/ Media, University of Applied Sciences Upper Austria）等大學生前往企業界實習，再由未來實驗室免費提供先進設備與技術給實習企業研發使用等。

　　電子藝術活動提供林茲充沛的資訊媒體人才，這些人才孕育未來實驗室創意專案，創意專案商品化創造當地經濟效益。這樣的循環使得林茲的媒體藝術，不論內容或是技術都能走在時代的尖端，既鞏固歐洲數位媒體之都的地位，也吸引奧地利資訊科技廠商的產業群聚效應。

　　此外，林茲文化產業包括：出版、文學與印刷業、音樂與錄音業、藝術與工藝業、影視廣播業、資通訊媒體與科技業、廣告業、建築與文化資產、表演藝術與娛樂業、研發教育諮詢業，其中，資通訊媒體與科技業和研發教育諮詢業逐年增加[12]，這些產業動能，與林茲的文化氛圍和人才及技術的聚集效應不無關係，同時，也成為林茲準備2009年活動的基礎。

二、林茲2009

　　歐洲文化首都的原意，並不是要求獲選城市藉由舉辦活動改變城市經濟，也不要求一定要以文化促進社會發展，而是要求獲選城市透過各類活動，宣揚歐洲文化的豐富性，推動城市文化交流，促進人民對歐洲一家親的認同。

　　雖然林茲很早就利用當代藝術電子科技化扭轉城市經濟，但

始終無法擺脫納粹陰影，林茲2009悟及納粹不是林茲人民的原罪，改將納粹議題納入活動設計。透過220個與納粹、鋼鐵、電子藝術等有關的展演活動，以「城市認同」為主題，凸顯林茲過去、現在與未來的關係。此外，過去的歐洲文化首都活動主題大都鎖定傳統文化宣揚，林茲2009改以「觀光包裝文化、工業和自然」，希望翻轉「林茲是無趣的工業城」的負面形象，同時，也藉此與維也納和薩爾斯堡的音樂城市意象區別。

以下我們由林茲2009公司、林茲2009活動和人力資本積累三個面向，討論林茲透過歐洲文化首都展開的城市文化建設。

（一）林茲 2009 公司

歐盟評委認為林茲2009的關鍵成功因素有三，首先是奧地利中央政府、上奧地利邦政府和林茲市政府的通力合作，其次是成立專責機構，再則是組織具備國際藝文活動策展經驗[13]。

雖然「文化發展計畫2000」已揭露林茲申辦歐洲文化首都的目標，不過正式啟動擘劃工作，是2005年4月歐盟宣布林茲獲選2009年主辦權後，成立「林茲2009有限公司」（Kulturhauptstadt Europas Organisations GmbH, Linz 2009 GmbH）。林茲2009公司百分百隸屬於林茲市政府，並獲得奧地利聯邦政府、上奧地利邦政府的資助，負責統籌活動計畫與預算、推廣專案、管理夥伴關係，以及連結林茲現有文化元素。

林茲2009公司的董事會有十二人，六位代表林茲市政府、四位代表上奧地利邦政府、一位代表奧地利中央政府、一位代表

觀光旅遊界。管理團隊包含行政總監、藝術總監、音樂總監、表演藝術總監等,大都來自國外,具備國際藝文活動策展或歐洲文化首都籌辦經驗,雖受董事會監督,但沒有當地人事包袱,可以比較客觀地主導活動規劃。

林茲2009活動獲得6,870萬歐元的資金,林茲市政府、上奧地利邦及奧地利聯邦政府教育藝術暨文化部允諾各出資2,000萬歐元,私部門贊助400萬歐元,歐盟補助150萬歐元,其他商業收入320萬歐元。也就是說,由地方到中央三個層級的出資比例相同(各佔總資本的29.1%),相對於其他城市舉辦歐洲文化首都的資本結構,林茲經驗是相當特殊的。

(二)林茲 2009 活動

林茲2009活動被歐盟評為歐洲文化首都最大規模之一,綜合而言,活動有幾點特色:

1. 城市品牌策略聚焦

林茲2009的所有活動都圍繞著五大價值主張,亦即:(1)林茲在歐洲代表奧地利和整個德語區的文化、工業和自然。這意味著林茲必須擁有歐洲視野,必須廣納國際藝術家和歐洲各國參觀客。(2)林茲2009必須具備高度的文化開放特色,讓林茲文化圈有機會與來自歐洲各地的藝術家和觀光客交流。(3)林茲以文化與藝術為介面,主動設定議題,與其他歐洲文化首都共同探討科學、歷史、經濟、教育、都市發展、生態與宗教等。

（4）林茲雖是位處歐洲中心的科學科技工業城，但重視文化與創意產業。（5）林茲2009活動將以不同型式及方法呈現納粹議題。

在這樣的價值主張下，林茲2009活動總共投入1,300萬歐元進行活動行銷，光2009年在國內外2,600個媒體頻道中，獲得25,000則報導，網站參觀人次約855,650人[14]；同時，也獲得12項行銷傳播國際大賞。而且在365天內，舉辦7,700場活動，相當於每天有21場活動同時在舉行，不但吸引66個國家的5,000個藝術家共襄盛舉，也吸引350萬觀光人潮[15]。

2. 創新經營城市空間與時間

林茲既沒有重量級的文化遺產，也沒有國際巨星加持，林茲2009將林茲建城以來的空間和時間遺產作為創作題材，以城市作為舞台，以創新的展演場地、設定主題和展示型態舉辦各種活動。例如Höhenrausch利用天橋、高地、屋頂等不同水平面的公共空間，作為新銳藝術展演場地，成功吸引了27萬人次參與這項高點藝術活動；Schaurausch利用林茲市區50個商店作為展場；Tiefenrausch則利用地道展示林茲歷史和學生相關作品。Hörstadt/Acoustic City以聲音和音質作為創作元素，探索促進人類聲音環境品質的各種可能。又如每天中午在教堂，透過風琴伴奏，舉辦經典文學讀書會，也吸引了13,000人次參加，則是新型態的表演活動。

Schaurausch展品之一（圖片來源：http://www.flickr.com/photos/gnal/493830707/）

3. 全民一起 Fun

　　歐盟在2007年重申希望透過歐洲文化首都活動推廣歐洲多元文化、促進多元文化間的對話；以文化促進創意經濟成長和提升就業；同時，也將文化作為國際關係的重要運作元素。林茲2009的在地行動參與，具體表現在觀光客組合、青少年藝文活動扎根和志工等方面。

Schaurausch展品之二（圖片來源：http://www.flickr.com/photos/gnal/493811526/）

根據官方2009年8月的調查顯示，97%的林茲人、90%的上奧地利邦居民和60%的奧地人，清楚林茲代表2009年的歐洲文化首都。根據統計推估，大約一半的林茲居民（約9.5萬人）、30%的上奧地利邦人（約42萬人）、7.5%的奧地利其他地區國民（約62.5萬人）曾經參與林茲2009活動。也就是說，350萬人中有三成是奧地利人，七成是國際觀光客[16]，林茲2009的確成功地促進國際文化交流。

為落實藝文扎根，林茲2009設計許多活動吸引青少年參與，例如邀請90位藝術家，以每週兩個小時，連續七週的表演訓練課程，進入上奧地利邦的100所學校擔任創意指導，與700多名老師和2,000多名學生完成戲劇表演。

此外，林茲2009也透過文化志工方式拓展活動參與人的廣度與深度，「聲音之雲」招募1,000名志工扮演成動物遊行，另外有200多位志工投入其他活動。這些志工的養成，自然形成林茲創意經濟的人力資本。

（三）文化創意人力資本

林茲2009不是煙火式活動，如何讓「節慶活動」巧妙地與文化生活面和生產經濟面結合，就需要由人培和文化生活著手。豐富的新媒體與資訊科技人才是林茲推動國際數位媒體之都的核心，透過文化教育機構與第三部門的資源整合，將新媒體藝術作為重點推廣至學生和一般民眾。

「林茲文化發展計畫2000」揭櫫「全民共享文化」，事實

上，就是「文化生活化」的指導原則，其具體作法是重視文化和創意在所有教育領域的影響力，加強文化機構與各層級學校的連結。例如由博物館負責推廣數位藝術到幼稚園、中學、社區大學，讓民眾從小就接觸數位藝術，使藝術生活化，不但將文化教育向下扎根，也培養未來科技專業人才（如圖17）。

在文化與高教體系的合作方面（如圖18），例如由「未來

文化機構　　　　　　**普通教育機構（圖書館、文化中心）**

林茲電子藝術中心　媒體教育中心
倫托斯美術館　　　上奧地利邦圖書館
OK當代藝術中心　終生教育文化中心
布魯克納音樂館　　青少年娛樂文化中心

圖17　文化生活化

文化機構　　　　　　**高等教育機構（大學）**

林茲電子藝術中心　林茲大學
倫托斯美術館　　　林茲藝術與工業設計大學
OK當代藝術中心　安東布魯克納大學
布魯克納音樂館　　私立林茲天主教神學院
　　　　　　　　　上奧地利邦應用科技大學海根堡資訊、溝通與
　　　　　　　　　媒體學院

圖18　高教文化人培

實驗室」提供大學人才實習的機會,以專案方式將研發工程師、學生和企業人士聚集起來,透過數位展演實驗成果,除可促進科技商業化,也可達到人才培育效果。這些大學包含林茲大學、林茲藝術大學、安東布魯克納大學(Anton Bruckner Privatuniversität)、私立林茲天主教神學院(Katholisch-Theologische Privatuniversitaet Linz)、上奧地利邦應用科技大學海根堡資訊、溝通與媒體學院。此外,電子藝術中心每年投入大量預算,舉辦國際級電子藝術獎,栽培後起之輩,也提供跨國藝術人才交流的機會。

另外,文化創意產業多重媒合與育成,是幫助人力資本確實投入產業化的助力。起初林茲由城市層級自發地制定文化政策的經驗,並未吸引奧地利國家和上奧地利邦對文創產業政策的注意。因此,無論是在中央或邦層級,都無法設計完善制度扶持文創工作者,也沒有提供良善交流平台,促進文創業者的合作。由林茲2009的成功經驗,上奧地利邦和林茲市共同架設資訊和溝通的服務平台(Network Design & Media),媒合藝術家、文創產業、電子藝術中心、林茲藝術大學、建築師和工程師商會(Chamber of Architects and Engineers)及上奧地利邦商會(Chamber of Commerce Upper Austria),透過專案合作,建立彼此間信任與開放,形塑國內外文創工作者的社群網絡,並促進創意作品商業化和產業化。

文化創意一把罩

雖然城市經濟發展不是林茲爭取成為歐洲文化首都的主要目的，但是因為歐盟在2007年決定舉辦城市必須「透過歐洲文化首都活動，促進歐洲多元文化交流，以文化提升城市經濟，並刺激就業」。我們可以由林茲的觀光客人數、國內生產總額（GDP）和就業人數增加來檢視歐盟的期許。

為舉辦歐洲文化首都活動，林茲官方投入3億2,300萬歐元興建基礎建設。依據林茲大學估算[17]，林茲軟硬體建設在2005至2010年間，為上奧地利邦額外貢獻4億2,600萬歐元的GDP，並創造出4,625個職缺[18]；其中，文化產業的GDP和職缺分別是840萬歐元和93個職位。同時期，上奧地利邦的GDP年均值約438億歐元，失業率約3.4%，歐洲文化首都活動的確為林茲帶來很大的經濟能量。

林茲2009活動在2008年下半年開幕，恰巧碰上2008年金融海嘯，2009年林茲總共湧入290萬觀光人次，相較於2006~2008年的60萬觀光人次，成長十來倍。2009年的過夜型觀光客也比2008年成長10%，其中，來自奧地利其他城市居民成長20%，來自瑞士和捷克成長28%，來自德國成長16%。推估可能是林茲2009以「德語文化在林茲」和「納粹歷史與林茲文化」兩大價值主張規劃的各項活動，受到觀光客肯定。這些觀光客分別在2008年和2009年為林茲創造350萬和720萬歐元的GDP，以及39和78個職缺。

為迎接林茲2009活動，林茲觀光業也積極進行旅館硬體新建或更新，光新建三家觀光旅館硬體就投資6,700萬歐元，相當於一整個林茲2009活動經費，舊旅館也投資了650萬歐元進行翻新裝潢。這些投資在2008年和2009年分別貢獻6,400萬和7,800萬歐元的GDP，並分別創造出664和806個就業機會。

綜而言之，林茲原本就以鋼鐵、化工和機械製造等工業著稱，林茲2009不但讓三級政府同時投入資金改善基礎建設，也成功地讓文化作為主要元素（當然其中不乏文化硬體設施），刺激經濟、增加就業。

文創逗陣行

城市轉型，不是無的放矢，不該摒棄過往記憶，而是融入民眾對於城市的種種回憶，文創，是需要與人民生活相連結，才能產生共鳴的記憶，也較容易贏得認同，例如，早期林茲人民也曾經跟隨維也納和薩爾斯堡，以古典音樂作為人民生活的重要元素，可惜藍領階級不買單。林茲是奧地利工業重鎮，而鋼鐵業是林茲經濟的重要命脈，人民的科技接受度不是問題，70年代末期以新電子科技結合搖滾文化在公共空間展現，為藍領階級注入文化休閒新元素，電子藝術節也成了林茲最響亮的節慶。電子藝術節歷經二十幾年的傳承與創新，轉變為娛樂、科技、生活、學術、實驗、育成等功能兼具，在2000~2015年的文化發展計畫中，明確定位林茲為以數位媒體為介面的文化首都、媒體之都和

未來之城的願景。

　　城市轉型不宜只重視硬體工程的更新，硬體建設雖然重要，但是若缺乏內容與故事，則易淪為蚊子城。城市建設如由人民居住與生活的角度出發，透過大家未來想要的生活品質和宜居環境，比較容易萃取出故事與內容，也易以創意去實踐新觀點，也就是說，城市未來想像宜與人民生活脈絡相連結，透過文化創意去勾勒。

　　另外，對城市的未來想像，不宜受政治的影響過劇，受制城市領導人主導城市政策走向。林茲雖然背負沉重的歷史包袱，但是二次世界大戰後的三位市長，對於城市未來想像與定位功不可沒。戰後第一任市長Ernst Koref於1945~1962年擔任市長，以集合住宅、醫院、學校和美術館計畫，重建林茲，也讓現代藝術在林茲開始生根。Franz Hillinger於1969~1984年擔任市長，設置布魯克納音樂館、電子藝術中心和電子藝術節，以節慶和表演賽事鋪陳文化氛圍。Franz Dobusch於1988年起接任市長至今，主導前後兩次的文化發展計畫，明確定出林茲為未來之城的願景，也讓林茲2009發展成為奧地利或電子藝術的觀光重鎮。

1 林茲面積96km^2，191,107人（2012年），人口密度1,971人/ km^2。

2 http://www.linz09.at/en/ueber_linz.html，參閱日期：2012/5/26。

3 王菊櫻，民97，〈奧地利林茲電子藝術中心與地方共生之發展模式研究〉，南華大學美學與藝術管理研究所未出版碩士論文。

4 電子藝術節，其目的是透過會議和展覽，建立跨領域交會平台，讓藝術家和科學家得以在同一時間，依主辦單位當年度設定的主題進行意見交流，科學結合藝術共同面對新科技帶來的文化衝擊，提供新挑戰的解決方案。http://mag.udn.com/mag/digital/storypage.jsp?f_ART_ID=88764# ixzz22d6D51QG.

5 「聲音之雲」是大型、開放式的戶外音樂會，充滿聲光及雷射的表演，雖非大眾主流音樂，但每年約有7至10萬人參與。原本是國際布魯克納音樂節的活動之一，後被納入電子藝術節。就時序而言，1979年9月18日電子藝術節首度登場。

6 安東‧布魯克納（Anton Bruckner）的介紹，http://en.wikipedia.org/wiki/Anton_Bruckner。

7 原文是Linz is real time. Linz is maneouvring room. Linz is crossing Europe. Linz is mastery. Linz is an interface. Linz is a determination.

8 原文是Linz is expansion. Linz is working day. Linz is a future lab. Linz is speed. Linz is competition. Linz is a profit zone.

9 原文是Linz is fresh air. Linz is Danube. Linz is soil contact. Linz is greenery. Linz is Volksgarten. Linz is a force field.

10 http://www.aec.at/about/de/geschichte/；王菊櫻（民97）。

11 倫托斯美術館成立於2003年，是奧地利最重要的當代藝術中心。建築物是由蘇黎世的建築師Weber & Hofer設計。位於多瑙河畔與尼布龍根橋旁，與布魯克納音樂館對望。

12 Der neue Kulturentwicklungsplan für die Stadt Linz (2011), http://www.liqua.net/liqua/index.php/projekte/abgeschlossene-projekte/110-kep-neu-linz.

13 Final report Linz 09, http://www.linz09.at/sixcms/media.php/4974/ Final%20Report_en_TOTAL.680790.pdf.

14 Final report Linz 09.

15 ECOTEC (2009) Final Ex-post evaluation of 2009 European Capitals of Culture.pdf. ec.europa.eu/dgs/education_culture/.../cocreport_en.pdf，上網 日期：2012/2/12。

16 Final Ex-post evaluation of 2009 European Capitals of Culture.pdf.

17 Final Ex-post evaluation of 2009 European Capitals of Culture.pdf.

18 Region profile of Upper Austria, http://ec.europa.eu/enterprise/policies/ innovation/policy/regional-innovation/monitor/index.cfm?q=p.regional Profile&r=AT31，上網日期： 2013/5/21。

結語
這些年，這些城市
教我們的事

歐洲文化首都不只是活動，
更是運動

　　「歐洲文化首都」是歐盟自1985年以來相當重要的都市文化復興活動之一。「歐洲文化首都」原本是用來彰顯歐洲文化的豐富性和多樣性，使歐洲人民接觸彼此文化，增進相互瞭解，促進歐洲公民認知。事實上，「歐洲文化首都」不只是各式文化活動的集合體，自格拉斯哥以降，許多城市將「歐洲文化首都」當作城市發展運動，藉以凝聚城市認同與再生的契機，並期望藉以刺激當地文化創意產業經濟。

　　既然是運動，就需要長時間的投入，利物浦、林茲和魯爾區都花上十年以上時間規劃。利物浦在1999年成立「利物浦願景公司」，並於2003年成立「利物浦文化公司」，前者負責作為歐洲文化首都所需要的硬體建設，後者統籌所有與歐洲文化首都有關的申請、規劃、執行及後續評估。利物浦是2008年的歐洲文化首都，卻早於2003年起就每年推出主題活動，直到2010年仍推出以「創意與創新」為題的活動。掐指算算，利物浦至少為歐洲文化首都投入十年。

　　魯爾區為挽救區域生態和產業危機，自1988年由邦政府設立「埃姆瑟國際建築博覽公司」，帶領魯爾區內的17個城市，開始發想區域願景，進行區域改造計畫。2004年由魯爾區內的53個城市共同組織「魯爾區域計畫協會」，進一步強化魯爾區內城市連結。2006年成立的「魯爾2010公司」，團隊包含了一位董事長和一位董事經理共同管理魯爾區外部政商關係，另有四位藝術總監和一位協調長負責策劃所有魯爾埃森活動，是有史以來規模最大的歐洲文化首都專責公司。

　　林茲制定文化發展計畫和籌備歐洲文化首都，都不是一、兩年內完成。「林茲文化發展計畫2000」，1995年開始規劃，2000年定案，前後耗費四、五年。新版的文化發展白皮書稱為「林茲文化發展計畫2020」，也是從2008年開始籌備，直至2013年定案[1]，同樣耗費四、五年光景。至於申辦歐洲文化首都是在1997~1998年間開始的，在「林茲文化發展計畫2000」公聽會期間，來自民眾的建議，一直到林茲成為2009年的歐洲文化首都，同樣投入十年以上時間。因此，一座城市的文化創意政策或是建設，要做長遠的規劃與投入並不容易，必須仰賴制度的健全與推動者的意志力。

　　同時，「歐洲文化首都」也不是終點，因為長期的過程勢必需要各領域專家、藝術家，或是創作者參與，這些關係人依規劃需要在不同階段投入，讓活動多元，具有可看性。同時，這些城市在主題年後，仍然積極應用城市已累積的智慧動能，不讓當初因活動而爭取到的文化設施與人力資源閒置。

高度在地參與，展現城市認同

城市的關係治理人，包含中央政府、地方政府、居民、第三部門、企業、大學院校、文化機構、研究機構和遊客等。這些關係治理人是歐洲文化首都活動最大的社會資本，例如：利物浦市議會在2003年設立「利物浦文化公司」，統籌歐洲文化首都所有活動，該公司的董事會成員來自執政黨、反對黨、利物浦大學、利物浦約翰摩爾斯大學、以利物浦為重要基地的企業、由利物浦起家的國際企業、中央政府、文化機構等代表。自2003年起，每年都設計不同的主題舉辦活動，透過各式活動，由藝術家、音樂家、舞蹈家、畫家、歌唱家、運動家、策展人、志工和學生的共同串聯，讓大家認識利物浦的過去、現在和未來，喚起人民對利物浦的認同，讓在地人重拾信心。

魯爾區為了維護其工業遺跡，並以文化形塑魯爾大都會區的未來定位，由地方政府、邦政府和第三部門共同籌組規劃團隊，魯爾區內53個城市代表於2004年自發地成立「魯爾區域計畫協會」，由該協會負責資助區域發展計畫，提升區域經濟、觀光及生活品質；另外，他們由地方議會和市長投票選出15個代表組成「魯爾議會」，作為城市間利益協調的公平機構。當然願景要實現，當地居民和企業的主動參與是重要關鍵。

林茲經驗是關係利害人治理與區域創新互動後的創新典範。林茲2009歐洲文化首都活動，由官方起動，學研界和文化機構支援，中央政府和邦政府高度承諾，民間熱血，共同建構以文化

領導編織未來想像。林茲經驗特殊的是，它花了五年時間制定文化政策，這些文化政策不是在象牙塔中堆疊出來的，也不是由上而下單方面的決定，是廣納產業、學界和民間的聲音集結。經由人民參與的政策制定，自然容易引起人民的主動加入和關注，政策的正當性相對提高了許多。又規劃單位透過網路來來回回地與民間溝通，逐漸消除許多在地雜音，而後在2000年3月經市議會「無異議」同意，顯然透過許多資源與管道進行溝通與反饋，此種由上而下再由下而上的治理模式，的確值得台灣執政者參考！

就林茲作為歐洲文化首都2009的舉辦城市，聯邦政府、邦政府和地方政府通力合作，強化林茲的基礎建設資本、文化與休憩資本。也因為一部分的主題年活動鎖定青少年和老師，增強活動的教育效果。同時，因為體會到歐洲文化首都活動產值必須靠觀光行為來達成，因此刻意透過觀光旅遊業的操作，成功淡化林茲黑城形象，增強其在數位媒體文化的領導形象。

除了本地人為自己的城市努力外，對於外來人士的包容，也是城市治理相當重要的投入元素。例如：林茲2009公司管理團隊的行政總監、音樂總監和表演藝術總監，大都外聘具備歐洲文化首都籌備經驗或國際藝文活動策展者，而且林茲2009的部分活動對國際人士公開招標，不但展現林茲的多元包容，這些多元可能進一步激發出更多創意。

相對的，科克規劃2005年歐洲文化首都活動時，直接由愛爾蘭國家計畫衍生而來，希望以創新、當代藝術和多元文化吸引建築、設計和視覺藝術等國際企業進駐科克，促進經濟再進一步

發展，提供更多就業機會。這種規劃方向忽略了原生文化的重要性，企圖創造新文化的作法，未適切地與產、學、研、民等各方溝通，引起相當的緊張、焦慮及反彈，讓本土意識較強的地方人士發動自辦民間版本的歐洲文化首都活動，此種作法雖也展現出科克多元包容的一面，但可能因為資源分散，對於愛爾蘭原本專精的電影、媒體和聲音產業的貢獻較少，也沒能好好處理文化引導城市再生議題。科克經驗告訴我們，文化不等於文化政策，如果歐洲文化首都活動不以城市文化歷史特色為基礎，就不容易助長創意經濟。

任務型企業專責活動規劃與執行

　　歐盟理事會在1999年決定歐洲文化首都的舉辦順序，即2005年在愛爾蘭、2008年在英國、2009在奧地利、2010年在德國，利物浦、林茲和魯爾區皆積極爭取代表權，作為指定年度的「歐洲文化首都」。

　　利物浦市議會自1999年開始準備爭取英國代表權，在2003年正式獲得歐盟提名後，利物浦市議會隨即組織「利物浦文化公司」，展開正式的規劃工作。2010年任務目標完成後，這家公司也就隨即解散，利物浦文化建設權責回歸利物浦市議會。利物浦文化公司董事會成員以利物浦市議會為核心，在地大學、社區組織、媒體、國內外企業、中央政府、博物館、藝術團體等代表，清楚地勾勒出利物浦要在2008年以創造、創新及維護利物

浦記憶與認同，並以都市空間改進、檢討與再生，使利物浦從一座鬼城變成世界一流的歐洲城市，提供居民和觀光客建城八百年來多元文化的新都市體驗。

　　歐盟宣布2009年的歐洲文化首都舉辦國是奧地利時，正值林茲市政府在制定文化發展計畫，申辦歐洲文化首都自然被納入「林茲文化發展計畫2000」中。2005年歐盟同意林茲的代表權後，林茲市政府獲得邦政府與聯邦政府的資助，設立「林茲2009公司」，負責統籌主題年的活動計畫與推廣，以及夥伴關係的管理。董事會成員來自市政府、邦政府和聯邦政府，也刻意地找了一位觀光界代表，試圖以觀光來吸納所有藝文活動。

　　魯爾埃森的專責組織是「魯爾2010公司」。它的前身是「埃姆瑟國際建築博覽公司」（IBA），由魯爾區所在的北萊因－西伐利亞邦政府為挽救區域生活、生產與生態而於1988年設立，希望能扮演區域改造引擎，引導魯爾區發展出專屬的城市願景，進行後續一系列的改造計畫，這些願景和改造計畫成了魯爾埃森的重要指導綱要。

　　歐洲文化首都原本稱為「歐洲文化城市」，歐盟欲以文化交流促進歐洲一體，納入非歐盟會員的歐洲國家，改以較嚴謹的方式指定2005年由愛爾蘭負責推廣當地文化，科克成為第一個歐洲文化首都。不過其活動專責單位「科克2005公司」遲至2003年才成立，只負責執行歐洲文化首都2005的所有活動發包、國際宣傳和預算控管，較少涉及城市願景與城市發展規劃。

城市發展網絡之參與和合作

埃森與魯爾區共同掛名作為歐洲文化首都2010的舉辦地，然而埃森並不是魯爾區的領導城市。原本魯爾區準備以「區域」為單位，代表德國作為2010年的歐洲文化首都，藉此向歐洲人民展示該區域以多元中心型式（Polycentric urban）對「魯爾大都會區」的未來想像。後來應歐盟要求，必須選擇某一城市為名，因此「魯爾區域計畫協會」會員城市以投票產生，以埃森作為代表城市，歐盟破例接受「魯爾埃森」代表2010年的歐洲文化首都。

魯爾區域計畫協會為了共同改善區域生活、生產和生態，號召區域內57個城市，成立「魯爾2010公司」，共同努力推動歐洲文化首都2010主題年，展示「魯爾大都會」的新空間概念。這57個城市佔地4,435平方公里，570萬人，看似規模頗大，不過人口倒比台灣雙北市（台北市和新北市）人口還少。魯爾埃森2010被歐盟譽為有史以來規模最大的歐洲文化首都活動之一，堪稱城市文化復興的典範。

事實上，魯爾區並不是以城市發展聯盟作為區域發展觸媒的唯一案例。芬蘭的赫爾辛基（Helsinki）是2012年世界設計之都，由五個夥伴城市共同向世人展現他們以美好設計改善城市生活的成果；除了赫爾辛基之外，還包含埃斯波（Espoo）、萬塔（Vantaa）、考尼埃寧（Kauniainen）和拉赫蒂（Lahti）等城市。

利物浦雖然是歐洲文化首都2008主辦城市，但利物浦與整個英國西北地區共同分享這項殊榮，例如利物浦文化公司董事會成員納入默西塞德郡和其他自治市成員，而其他城市和地區也在行銷宣傳上給予協助，使得最後的觀光效益，不僅默西塞德郡受益，英國整體的觀光績效也比往年良好，這是城市網絡的外溢效果。城市雖是單一個體，但卻不是完全獨立的，尤其與鄰近城市的關係，而這樣的連結可以擴大到整個國家。良好的對外連結除了有助宣傳，更是城市之間的互助合作關係。文創經濟的發展不是個別城市的競爭，而是國與國的競爭。

大學參與城市節慶與區域創新

大學可以積極鑲嵌在城市脈絡，擔任區域創新系統的核心引擎。利物浦大學和利物浦約翰摩爾斯大學，在利物浦作為2008年歐洲文化首都全程中，扮演關鍵智囊團、參與者和評估者的多重角色，主觀又客觀，既在內部又在外圍。林茲大學、林茲藝術大學和海根堡學院積極參與林茲電子藝術中心的運作和2009年歐洲文化首都活動，尤其是林茲大學學者對於林茲文化政策之制定，更是不遺餘力。

魯爾區過去雖然擁有豐富的煤、鐵礦資源，但遲至1960年代才開始設置大學，區域內知名大學有魯爾波鴻大學（Ruhr-Universitaet Bochum, RUB）、多特蒙德工業大學（Technische Universität Dortmund, TU Dortmund）、杜伊斯堡－埃森大學

（Universität Duisburg-Essen, Uni DuE）和多特蒙德應用科技大學（Fachhochschule Dortmund）等，雖然這些大學並未直接承擔魯爾埃森2010的相關文化制定與主要活動規劃，然其創新動能為區域創新注入許多活力與新血，也間接地扮演戰略夥伴角色。

科克大學是科克市重要的高等學府，可惜的是，它未積極與科克市政府或科克2005公司合作，對2005年歐洲文化首都活動沒有較顯著的貢獻，可能也是該年度活動相對失色的原因之一。

---

1 林茲新文化發展計畫，http://www.linz.at/english/culture/3895.asp。

國家圖書館出版品預行編目（CIP）資料

歐洲文化首都：這些年教我們的事 /
　郭姿麟, 孔憲法, 陳志宏 著.
-- 初版. -- 臺北市：遠流, 2013.12
　　　　面；　公分
ISBN 978-957-32-7323-3（平裝）

1. 文化都市　2. 文化產業　3. 歐洲

545.11　　　　　　　　　　102024260

歐洲文化首都
這些年教我們的事

作者──郭姿麟、孔憲法、陳志宏
總策劃──國立政治大學創新與創造力研究中心
統籌──溫肇東、郭姿麟
主編──曾淑正
美術設計──李俊輝
行銷企劃──叢昌瑜

發行人── 王榮文
出版發行── 遠流出版事業股份有限公司
地址── 台北市南昌路二段81號6樓
電話── (02) 23926899　傳真── (02) 23926658
劃撥帳號── 0189456-1

著作權顧問── 蕭雄淋律師
法律顧問── 董安丹律師

2013年12月 初版一刷
行政院新聞局局版台業字第1295號
售價── 新台幣280元

ISBN　978-957-32-7323-3（平裝）
GPN　1010203008

YLib-遠流博識網　http://www.ylib.com
　　　　　　　　E-mail: ylib@ylib.com

本書為教育部補助國立政治大學邁向頂尖大學計畫成果，
著作財產權歸國立政治大學所有